KB010307

이 책은 세상에 알려지지 않은 대화의 기술
그리고 최적의 타이밍에 던지는
최적의 말이 발휘하는 위력을 다루고 있다.

EXACTLY WHAT TO SAY

Exactly What to Say: The Magic Words for Influence and Impact by Phil M. Jones
Copyright © 2017 Phil M. Jones
By arrangement with Transatlantic Literary Agency Inc. and Greenbook Literary Agency.
First published in Canada and the United States of America by Page Two Strategies Inc.
Korean translation copyright © [2019] The Wings of Thinking Publishing Co.

이 책의 한국어판 저작권과 판권은 그린북저작권에이전시영미권을 통한
저작권자와의 독점 계약으로 생각의날개에 있습니다. 저작권법에 의해
한국 내에서 보호를 받는 저작물이므로 무단 전재와 무단 복제, 전송, 배포 등을 금합니다.

사람의 마음을 움직이는

마법의 말 한마디.

필 M. 존스 지음 | 이지혜 옮김

생각의날개

적재적시에 필요한 말을 할 줄 아는 능력은

마법 같은 결과를 만들어낸다.

필 M. 존스는 이 책에서 바로 그 방법을 알려준다.

　　　　　　　　● 밥 버그, 《적에서 협력자로》 저자

필 M. 존스는 이렇게 말한다.

"이 책에서 당신이 배우는 모든 것은 매우 단순하며,

실천하기도, 효과를 얻기도 쉽다."

실제로 검증된 방식으로 저자는 독자들이

자신만의 화술을 찾아낼 수 있도록 돕는다.

　　　　　　　　● 필립 헤스케스, 전문 강연가, 《설득과 영향력의 심리학》 저자

필 M. 존스는 복잡한 세일즈 상황에서
반드시 알아야 할 정보를 이 책에 담았다.
핵심은 단순하지만 고객의 니즈에 꽂히는 한마디가
위력을 발휘한다는 것. 그가 소개하는
강력한 문장들은 사람들에게 절대로 강압적이지
않으면서도 큰 영향력을 발휘하는 수 있는
소통 방식이 무엇인지를 입증한다.

● 이언 알트만, 포브스닷컴 칼럼니스트

고객과 동료, 상사, 혹은 누구에게서나
"Yes"라는 대답을 끌어내고 싶은가?
내가 해줄 수 있는 최고의 조언은 단 한마디다.
"이 책을 읽어라!"
이 책은 첫 만남에서 상대에게 강한 인상을 남기고
정말 딱 필요한 단어만으로 매력적인 문장을 만드는
요령을 전달하는 동시에, 적당한 시점에서
최적의 질문을 던지는 감각을 키워줄 것이다.

● 실비 디 주스토, 기업 이미지 컨설턴트·강연가

마법의 말 한마디

"아브라카다브라, 백만장자가 되어라!"

이 책에서 소개하는 주옥 같은 조언들을 따르는 순간,

바로 이런 마법 같은 일이 실현될 수 있다.

짧은 문장 속에 깊은 의미가 담겨 있는 만큼 몇 번이고

거듭 읽어보길 바란다.

● 제프리 헤이즐렛, TV 프로그램, 팟캐스트 진행자
C-Suite 네트워크 대표

비즈니스를 시작한 지 얼마 되지 않았을 때,

멘토로부터 이런 조언을 들은 적이 있다.

"세일즈맨이 하는 모든 행동이 긍정적으로든

부정적으로든 거래에 영향을 미친다.

아무리 사소한 행동이라도 중립적인 것은 없다."

내가 필 존스의 이 책을 사랑하는 이유도 바로 여기에

있다. 짧지만 강력한 이 책에서 저자는 반드시

승리할 수 있는 핵심 문장들을 소개한다.

비즈니스 상황에서 입밖으로 나오는 단어가 중요하지

않은 순간은 없다. 당신도 당신만의 '마법의 문장'을

만들어라!

● 브라이언 아이젠버그, 설득 공법 창시자
뉴욕타임스 베스트셀러 ≪콜 투 액션≫ 저자

최고의 설득법과 성공 비법을 알려주는
마스터클래스 같은 책이다. 비즈니스에서 실적을
내고 싶은 이들, 일상에서 좀 더 설득력 있게 말하고
싶은 이들이라면 반드시 읽어보기를 추천한다.

● 세스 프라이스, 작가

100달러를 주고 사도 아깝지 않은 책

★★★★★ ID: J Krans

온라인 세일즈 업무를 맡고 있어서 고객을 직접
대면하기보다 온라인 상으로 대응하는 경우가 대부분
이다 보니 '말'이 업무 능력에서 큰 비중을 차지한다.
목소리의 톤이나 몸짓 언어가 완전히 배제된 상태에서
오로지 컴퓨터 모니터 화면으로 띄우는 '말'이 내가
쓸 수 있는 도구의 전부이기 때문이다. 지난 반 년간
실제로 이 책에서 배운 깃들을 활용하면서,
놀랍게도 실적이 크게 향상되는 결실을 얻었다.
이 책이 100달러라고 해도 아깝지 않을 정도다.

마법의 말 한마디

처음 몇 파트를 읽자마자 준비하고 있던 프레젠테이션 대본을 완전히 바꾸게 한 책

★★★★★ ID: Seth Price

나는 처음 이 책을 읽은 다음부터 출장을 갈 때마다 항상 챙겨 다닌다. 책에서 알려주는 내용에 따라 프레젠테이션 내용을 수정하기도 하고 SNS에 포스팅을 할 때 참고하기도 한다. 하루라도 빨리 이 책을 읽어보길 권한다.

세일즈뿐만 아니라 일상생활에 도움이 되는 책

★★★★★ ID: S. Weisman

별 다섯 개밖에 줄 수 없다는 게 아쉽다. 겨우 세 시간을 자고 일어나 출장을 가는 비행기 안에서 졸린 것도 잊어버리고 이 책에 푹 빠졌다. 한편 2002년부터 전문적인 강연자이자 컨설턴트로서 소규모 비즈니스 운영자들을 만나 커뮤니케이션

능력을 개선할 수 있는 방법에 대해 상담해온
나로서는 왜 이런 책을 쓰지 못했을까 화가 나기도
했다. 내가 지난 15년간 머릿속에 정리해두기만
했던 커뮤니케이션의 모든 것이 바로 여기에 담겨
있기 때문이다.

작은 책이 전해주는 깊이 있고 탄탄한 대화의 전략
평생 친구 같은 책
★★★★★ ID: Marc

세상에는 두 가지 유형의 사람이 있다고 생각한다.
첫 번째는, 대화가 걷잡을 수 없이 방향을 잃게 되면,
스트레스를 받을수록 자신에게만 집중하면서
자기 말만 많이 하는 사람, 두 번째는, 상대방에게
집중하여 더 나은 결정을 내릴 수 있도록 도와주는
사람. 좋은 소식은 이 책이 바로 그 두 번째 유형의
사람이 될 수 있도록 도와준다는 것이다.

혼자만 아껴 읽고 싶은 책!

★★★★★ ID: Matthew Kimberley

나는 20여 년간 세일즈 전문가로 일하면서
많은 사람들을 훈련시켜왔다. 효과적인 트레이너의
기본 의무 중 하나는 복잡한 개념을 이해하기 쉽고
실행하기 쉽게 만드는 것인데, 이 책이 바로 그런
역할을 하고 있다는 사실에 놀랄 정도였다.
끝까지 읽는 데 40분 정도밖에 걸리지 않지만,
매 페이지마다 세일즈맨들과 리더들에게 실용적이고
도움이 되는 정보가 가득했다.
나 혼자만 아껴두고 읽고 싶은 책이다.

직업과 분야에 관계없이 성공을 꿈꾸는
모든 이들을 위한 필독서

★★★★★ ID: Jade Johnson

필 존스의 유튜브 영상을 몇 번 보고 난 뒤 꽤 강한
인상을 받았지만, 이 책은 영상보다 더 강력한
메시지를 전달한다. 간호학과 학생으로서 환자들을
대하고 그들에게 가능한 치료 방식을 설명하는 데
어려움을 겪었지만 이 책을 통해 배운 예시 문장들
덕분에 환자들과 의사소통을 하는 것이
훨씬 수월해졌다.

난관을 타개할 아이디어를 주는 문장들로 가득한 책

★★★★★ ID: John Hawkins

나 역시 작가이자 리더십 강연 전문가로서 항상
다른 사람들에게 도움이 될 만한 책을 찾아 읽고
연구하고 있다. 세일즈와 협상 상황뿐만 아니라

개인적으로 난관을 맞닥뜨렸을 때 문제를 타개할
방법을 알려주는 해결책을 담고 있으며,
누구나 쉽게 이해하고 실천할 수 있기에 내가 아는
모든 비즈니스맨과 리더들에게 소개하고 싶다.

매혹적이고 유용하며 간결하다

★★★★★ ID: Sarah Kathleen Peck

짧지만 파워가 넘치는 책이다. 핵심 문장들을
수첩에 옮겨 적고 필요한 순간마다 찾아 시도해보기도
했다. 그저 읽고 끝나는 것이 아니라 실제 상황에서
실천할 때 더욱 빛을 발하는 문장들이다.

세일즈맨이라면 누구나 반드시 읽어야 한다!

★★★★★ ID: George Louvis

처음 이 책을 봤을 때는 그다지 사서 읽고 싶은 마음이 들지 않았다. 그러나 미리보기로 처음 몇 장을 읽고 난 뒤에는 도저히 사지 않을 수가 없었다.

금요일에 책이 도착해 단숨에 읽고 난 뒤, 내가 배운 것들을 월요일에 예정되어 있던 세일즈 프레젠테이션에서 활용했다. 책에서 등장한 신선한 접근 방식과 예시 문장이 큰 도움이 되었다. 당신 역시 나와 같은 경험을 할 수 있으리라 생각한다.

대화의 어려움을 겪고 있는
사람들을 위한 필독서

세일즈는 인간관계다. 그 인간관계를 발전시키고
성장하게 만드는 핵심은 커뮤니케이션 전략에 있다.
그런데 세일즈 현장에서 만나게 되는 고객과의
대화는 그리 만만치 않다. 세일즈란 나와 고객 간의
단순한 관계가 아니기 때문이다. 나와 고객 외에
경쟁자라는 제3자가 어엿이 버티고 있는 서늘한
관계다. 한 번의 실수가 끝을 부르기도 한다.
대화법에 관한 책을 몇 권 썼고 오늘도 고객과
현장에서 마주하는 일을 업으로 하는 나 역시 미팅
일정을 잡고, 방문하여 이야기를 나누고,
인사를 한 후에 다시 회사로 돌아오는 길은 늘
조심스럽고 두렵다. 관계를 돈독히 맺고 있다고
자부하더라도, 오늘은 그저 몇 분간 만나 일상적인
이야기만 나누었더라도, 고객과 헤어져 밖으로
나오면 '휴~'하는 안도의 한숨이 나오는 건 오직
나만의 모습은 아닐 것이다.

부끄럽지만 내 고백을 해본다. 말 한마디 잘못해서 고생한 경우가 한두 번이 아니었다. 세일즈에 처음 입문했을 무렵 외국계 금융회사의 계약 담당자에게 "오늘 오후 5시까지 견적서를 드리겠습니다."라고 말해놓고선 20분 늦게 견적서를 보내자 "죄송합니다만 시간을 지키지 않는 세일즈 담당자와는 일하기 곤란합니다."라는 답변을 들었던 기억은 아직도 부끄럽다. 고객의 시간은 내가 임의대로 조절할 수 있는 게 아님을 무시했던 결과였다. 회사 내부에서 나름대로 의견을 잘 조율했다고 자부하고 "이게 제가 드릴 수 있는 최종적인 제안입니다."라고 말했다가 아무런 답이 없기에 그 다음날 전화를 했더니 "경쟁사에서 더 좋은 제안을 주서서 그쪽으로 결정했습니다."라는 말을 들은 적이 있다. 추가적인 제안의 가능성을 열어두지 않았던 나의 수준 낮은 세일즈 언어에 얼마나 한탄했는지 모른다. 그때 고객이 원하는 조건을 한 번쯤 들어보고 회사 측에 다시 한 번 논의해 가능한 선에서 고객을 만족시킬 만한 조건을 제시했더라면 적어도 경쟁사에 뺏기는 실수는 하지 않았을 텐데 말이다.

그뿐이랴. 나는 수없이 많은 고객과 만나고 헤어졌다. 하지만 그 고객들의 상황을 현재 보이는 상태로만 파악했다. 세상은 좁다. 고객들이 보유한 인맥은 세일즈를 하는 나의 인맥을 뛰어넘는 엄청난 네트 워크인 경우도 있었다. 고객들의 인맥을 활용하기 위해 고객들에게 적극적으로 부탁했었더라면 해결 될 수 있는 일들이 지금 생각해보면 얼마든지 있었다. 나는 그것들을 놓쳤다. 무시했다. 이 책에 나오는, '부탁 하나만 들어주실 수 있을까요?' 이 말 한마디를 못했던 나의 수동성이 아쉽다. 미팅을 마치고 돌아서는 길에 이 한마디를 했더라면 기존 고객을 통해 새로운 고객을 확보하며 훨씬 빠르게 성장했을 텐데 말이다.

물론 내가 잘하는 것도 있다. 예를 들어 고객과 약속을 할 때는 내가 되는 시간 하나를 섣불리 먼저 지정하지 않는다. 대신 "실장님, 다음 주에 제가 월요일과 금요일만 빼면 괜찮습니다. 혹시 모르니 되시는 날 두 개 정도만 말씀해주시면 내부적으로 다시 확인해서 말씀드리겠습니다."라고 말한다.

장소도 마찬가지다. 고객에 따라서는 자신이 근무하는 사무실을 선호하기도 하지만 어떤 분은 사무실에서 벗어난 카페 등을 원하기도 한다. 따라서 장소 역시 자유롭게 선택할 수 있도록 제안하면서 고객을 편하게 해주려고 노력한다. 경험상 6장에서 제시하는 '언제가 편하신가요?' 라는 질문은 고객의 편의를 배려하면서도 부드럽게 다음 약속을 잡을 수 있게 해주는 데 있어서는 가장 좋은 말이라고 할 수 있다.

세상에는 세일즈, 협상, 거래 등에 관한 수많은
책들이 있다. 개인적으로 세일즈 언어에 관심이
있기에 많은 책들을 읽고 또 적용했다.
지금까지 나왔던 책들도 나름대로 의미를 지녔고
그로부터 도움을 받았음은 사실이다.
그런데 이 책은 지금까지의 책들과는 또 달랐다.
현장의 목소리가 그대로 담긴 내용들과 그 활용
방법들은 나름대로 오랫동안 세일즈 분야에서
일해 왔던 나조차도 반성하게 만들 정도다.

내가 세일즈를 처음 시작할 때 이 책을 만났더라면
어떻게 되었을까. 내 인생은 지금과는 다른 방향으로
바뀌지 않았을까. 지금쯤이면 내가 세일즈 분야에서
나름대로 원하는 위치에서 최고의 프로페셔널로
활발하게 활동하고 있지 않았을까.
고객의 니즈를 알아내는 희열에 벅차하고 고객과
함께 이야기를 나누며 서로 성장하는 일상에

기뻐하는 삶을 살고 있지 않았을까.

이제 나는 후배들을 둔 선배의 위치에서 회사의
한 자리를 차지하고 있다. 여전히 세일즈 분야에서
일하고 있으며 앞으로도 그렇게 하고 싶다.
나의 후배들에게 이 책을 읽히고 싶다. 그들이 이 책을
읽으며 고객과 함께 더 넓은 세상을 바라보며
조직에서는 더 높은 자리를 꿈꾸길 희망한다.
이 책은 그들에게 좋은 방향으로의 나침반 역할을
할 것이리라 확신한다.
세상엔 좋은 책이 많지만 나는 특히
이런 책을 좋아한다. 현장을 담은 진실한 책,
그리고 나를 성장시키는 책!

● 비즈니스 커뮤니케이션 강연가
베스트셀러 《모든 관계는 말투에서 시작된다》 저자 김범준

CONTENTS

PART 1
상대의 결정에 내적인 동기를 부여하는 말 한마디

PART 3

나의 선택이 상대에게
최고의 결정이 되게 하는 말 한마디

대화 도중에
가장 진땀나는 상황을 언제일까?

무슨 말을 해야 할지 몰라 머릿속이 하애진 순간
입에서 나오는 대로 자칫 불필요한 말을 내뱉게 될지도 모른다.
가능한 모든 상황을 예측하고 미리 할 말을
준비할 수 있다면 얼마나 좋을까?
이 책은 우물쭈물하며 말할 타이밍을 놓치는 당신에게
적절한 대비책과 함께 대화를 당신에게 유리한 방향으로
이끌어갈 방법을 알려줄 것이다.

최적의 타이밍에 던지는
최적의 말 한마디

이 책은 세상에 알려지지 않은 대화의 기술,
그리고 최적의 타이밍에 던지는 최적의 말 한마디가
발휘하는 위력을 다루고 있다.
무엇이 고객으로 하여금 엇비슷한 사람들 가운데
당신을 선택하도록 만들 수 있을까? 정확히 무엇을,
언제, 얼마나 설득력 있게 말하는가에 달려 있다.
이 책에서 나는 말의 힘을 가지기 위한 전략과
성공을 꿈꾸는 이들이 좀 더 효과적으로 원하는 바를
달성하는 데 보탬이 될 도구들을 소개하고자 한다.

당신이 이 책을 선택한 데는 분명 이유가 있다.
당신은 비즈니스맨으로서의 능력을 한층
업그레이드하고 싶거나, 내실 없는 비즈니스가
아니라 진짜 성공가도로 가는 방법을 찾고 싶기
때문일 것이다. 저마다 상황이 어떻든 한 가지 분명한
사실은, 이 책을 펴든 것은 이미 스스로 변화를 맞이
할 준비가 되어 있으며, 성공을 절실히 원한다는

의미일 것이다.

사람과 사람 사이의 관계, 비즈니스에서의 상호작용을 연구하면서 나는 한 가지 놀라운 사실을 발견했다. 남들보다 훨씬 더 좋은 결과를 얻어내는 이들에게는 확실한 공통점이 있다는 것이다.

동일한 제품과 서비스를 판매하는 비즈니스 업계에 종사할지라도 고객을 찾지 못해 고군분투하는 이들이 있는가 하면, 실적이 끊이지 않는 이들이 있다. 물론 태도나 노력에 차이가 있겠지만, 성공하는 이들의 공통점 한 가지는 바로 무엇을, 어떻게, 얼마나 설득력 있게 말할지를 정확히 파악하고 있다는 점이다.

대화 중에 단어 하나를 다르게 선택하는 것만으로도 완전히 다른 결과를 끌어낼 수 있다는 사실은 무척이나 흥미로웠다. 이후 나는 구체적으로 말 한마디가 사람들의 의사결정 과정에 어떻게 영향을 미치는지를 본격적으로 연구해보기로 했다.

우리가 훈련을 통해 불필요한 분석 과정을 거치지 않고 빠르게 결정을 내릴 수 있는 건 '잠재의식의 뇌(subconscious brain)' 역할 때문이다. 잠재의식의 뇌는 컴퓨터처럼 확실하고 결단력 있게 주로 'yes' 또는 'no'라는 결과를 도출하고 오차가 없기 때문에 의사결정 과정에서 무척 강력한 역할을 한다. 이 뇌 부위로 직접 전달되는 단어를 사용하면 그만큼 불확실한 선택은 피하고 고민 없이 반사적으로 반응할 수 있게 된다. 따라서 대화에서 훨씬 유리한 입지를 차지하는 동시에 자신이 원하는 것을 좀 더 수월하게 얻을 수 있다.

그렇다면 대체 잠재의식은 어떻게 발휘되는가?

몇 가지 사례를 제시해보겠다.

» 잠들어 있는 동안에 호흡을 조절하는 활동

» 매일 똑같은 경로를 따라 이동하는 활동

» 당신의 이름과 비슷한 이름이나 단어에 즉각적
으로 주의 집중하는 활동

우리는 모두 일상생활에서 잠재의식의 뇌에
의존하며 살아간다. 덕분에 하루하루 불필요한
사고와 계산에 들이는 시간을 절약하고 다른 부분에
더욱 집중력을 발휘할 수 있다.
이 책에서 나는 잠재의식을 자극하는 말은 과연
무엇이 어떻게 다른지 알아보고, 실제 일상생활에서
활용할 수 있는 효과적인 예시 문장들을 함께
소개하려 한다. 또한 단순하고 평범해 보이는
말 한마디가 어떤 위력을 발휘할 수 있는지,

당신 인생에 어떤 변화를 일으킬 수 있는지를
조목조목 설명하도록 하겠다.

나는 이 예시 문장들이 적절히 적용되었을 때
어떤 결과를 이끌어내는지를 철저히 실험하고
입증해보았다. 이 책에서 당신은 사람들이 어떤
단어에 즉각적으로 반응하는지, 단순한 단어 선택
하나가 삶을 얼마나 수월하게 바꿔주는지를 배울 수
있을 것이다.
이 책에 담긴 조언은 모두 당신의 비즈니스를
성공으로 이끄는 것이 목적이다. 그러나 특정한
비즈니스 상황에만 국한되는 것이 아니라 당신 삶의
모든 영역에서 보다 설득력 있게 말하고 영향력을
발휘하며 삶을 더욱 주도적으로 이끌 방법을 찾는 데
보탬이 되고 싶다.

이 책을 읽는 동안 수첩과 펜을 곁에 두길 바란다.
각 장을 읽으면서 자신의 사례에 맞게 적용할 방법을
찾을 수 있을 것이다. 어떤 방법이 떠올랐다면
망설이지 말고 시도해보라. 시도해볼 때마다 당신에게
잘 맞고 편한 방식을 찾을 수 있다. 이 책에 담긴
조언이 간단해 보일지 모르지만, 조언을 하나씩
실천해가며 변화해야 하고 간단하다고 해서 쉬운 것은
결코 아니다. 다소 불편하더라도 그 변화에 익숙해
져야 한다.

이 책을 읽은 후에 당신이 어떤 결과를 얻었는지
의사결정 단계에 도달하기 위해 어떤 대화 기술을
활용했는지, 얼마나 설득력 있게 대화를 주도했는지
즐겁게 들려주길 바란다.

— 당신이 원할지는 모르겠습니다만 —

———— 당신은 얼마나 열려 있는 사람 인가요 —

———— ~대해 좀 알고 계신가요 ————

만약 ~된다면 어떨 것 같으세요 ————

———— 이런 상상을 해보면 어떨까요 —

————— 언제가 편하신가요 —

← 시간이 부족하셨으리라 생각합니다만 ————

PART 1

상대의 결정에
내적인 동기를
부여하는 말 한마디

당신이 원할지는 모르겠습니다만

I'm Not Sure If It's for You, But

사전에 거절 차단하기

자신의 생각이나 제품, 또는 서비스를 제대로 소개
하지 못하는 가장 흔한 이유가 무엇인지 아는가?
바로 거절에 대한 두려움 때문이다.

바로 그 이유 때문에 고안해낸 것이 이 말이다.
누군가에게 무엇을 처음 소개하거나
설명해야 하는 상황에서 이 말 한마디만큼
적당한 것이 없다. 어느 시점에서 꺼내든 어색하지
않게 대화를 지속할 수 있는 데다 거절에 대한
두려움을 완전히 극복할 수 있도록 도와준다.
"당신이 이걸 원할지는 모르겠어요, 하지만…"

그다지 특별할 것 없어 보이는 이 말이 대체 어떤 힘
을 발휘하기에 강력한 효과를 낼 수 있는 걸까?
"이게 당신에게 맞을지는 모르겠지만…"
이라는 말로 대화를 시작하는 순간, 듣는 이의
잠재의식에 '전혀 부담 느낄 필요 없어요'라는

메시지가 전달된다. 실제로 상대가 관심이 없더라도 자연스럽게 주의를 집중하도록 만드는 것이다. 대체 무슨 얘기를 꺼내려는 것인지 궁금하게 하면서, 오히려 호기심을 자극하는 셈이다. 게다가 무의식적으로는 이 사안에 대해 어떤 결정을 내려야 한다는 내적인 동기를 부여함으로써 결국 부담 없이 의사결정을 내리도록 이끄는 접근 방식이라 할 수 있다.

이 말 한마디의 핵심은 마지막에 등장하는 "하지만"이다. 사실 대부분의 대화법 책에서는 이 단어를 금기시한다. 상사가 당신에게 이렇게 말한다고 상상해보자.
"자네가 우리 부서에서 정말 중요한 인재라는 건 잘 알고 있을 거야. 자네 업무 방식에도 불만은 전혀 없어. 하지만 이제 변화가 필요한 시기야."
상사가 장황하게 늘어놓은 말 가운데 무엇이

머릿속에 남는가? 아마 당신이 가장 집중하는 단어는 바로 '하지만'일 것이다. '하지만'은 그 이전에 했던 말들을 전부 부인하는 효과가 있다.

따라서 당신이 상대에게 "이게 당신이 원하는 건지는 모르겠어요. 하지만…"이라고 말하면 상대의 머릿속엔 이런 메시지가 각인될 것이다.

"바로 이게 당신이 원하는 거예요."

당신이 상대에게
"당신이 원할지는 모르겠어요. 하지만…"
이라고 말하면
상대의 머릿속엔 이런 메시지가 각인될 것이다.

"바로 이게 당신이 원하는 거예요."

마법의 말 한마디

이번에 배운 한마디는 일상에도 얼마든지 유용하게 적용할 수 있다. 예시를 살펴보자.

"네가 원할지는 모르지만, 이번 주말에 나들이 갈 계획인데 같이 갈래?"

"당신에게 필요할지는 모르겠어요. 하지만 이 옵션은 이번 달 한정 이벤트라 놓치기에는 아까워서 말씀드립니다."

"고객님께서 원하시는 건지는 모르겠습니다. 하지만 주변 다른 분들에게 저희 제품을 소개해주시면 감사하겠습니다."

거절에 대한 두려움에서 자유로워지는 이 말을 활용했을 때 일어날 수 있는 결과는 다음 두 가지 가운데 하나다.

첫째, 듣고 있던 상대가 몸을 앞으로 내밀고 관심을 보이며 추가 정보를 요청한다.

둘째, 생각 좀 해보겠다고 대답한다.

아주, 아주 최악의 경우라고 해도 일어날 수 있는 결과는 두 번째 정도뿐이다. 그러니 물어보는 걸 두려워하지 말기를!

02

당신은 얼마나 열려 있는 사람인가요?

Open-Minded

제안을 재고하게 하는 질문하기

한 장소에서 1000명의 사람들에게 이 질문을 한다고
상상해보자.
"자신이 타인의 의견에 열려 있다고 생각하는 분은
손을 들어주세요."
장담하건데, 그중 900명 이상이 번쩍 손들 것이다.
사람들 대부분은 자신이 '열린 사람'이라고
생각한다. 이유는 간단하다.

열린 사람의 반대말은 '편협한 사람' 혹은
'속 좁은 사람'이며 자신이 그러한 사람으로
취급받기를 원하는 사람은 아무도 없기 때문이다.
결국 대부분의 사람들은 자신은 마음이
열린 편이라는 선택지를 고르고 당신의 아이디어에
귀를 기울일 것이다.

낯선 사람이나 친구, 지인 또는 직장 동료에게

새로운 아이디어를 소개할 때,

"가능성을 열어두고 들어주실 수 있나요?"

라는 질문을 던지고, 상대에게 지지를 받고 싶다는

뜻을 자연스럽게 전해보자.

동의를 얻을 확률은 50대 50이며,

아마 열 명 중 아홉 명이 당신에게 우호적일 것이다.

아이디어를 제안하는 자리라면
이런 말로 대화를 시작해보자.
'가능성을 열어두고 들어주실 수 있나요?'
상대는 자연스럽게 당신에게 귀를 기울일 것이다.
누구나 '열린 사람'이 되고 싶어 하니까.

예시 문장을 몇 가지 살펴보자.

"이번 대안을 받아들일 마음의 문이 <u>얼마나 열려 있죠?</u>"

"<u>마음을 열고</u> 함께 일할 준비가 되었나요?"

위와 같이 상대에게 마음이 열려 있는지를 묻게 되면, 몇 가지 이점이 있다. 상대가 당신의 제안을 단칼에 거절하기 어렵게 하는 동시에 최소한 그 사안에 대해 한 번쯤 고려해봐야 할 것 같은 느낌을 갖게 할 수 있다.

이 말은 마치 당신이 상대에게 선택권을 준 것처럼 보이지만 사실 당신이 원하는 선택지에 무게를 싣는 것과 마찬가지다. 한마디로, 이 질문은 다음과 같은 제안을 던지는 것과 같다고나 할까.

"최소한 시도라도 해보면 어떨까요?"

03

~에 대해 좀 알고 계신가요?

What Do You Know?

상대가 확신하는 근거에 의문 제기하기

누군가와 대화하다 말싸움을 해본 적이 있는가?
대화 중 한쪽이 자신이 더 잘 아는 것처럼 으스댈 때,
혹은 설교조로 밀고 나갈 때 십중팔구 이런 상황이
벌어진다.

미팅 상황에서 영향력을 발휘하고 싶다면 대화의
흐름을 주도할 줄 알아야 한다.
이를 위해서 흔히 사용하는 전략이 있다.
상대의 말을 뒤집는 질문을 던져 상대가 갖고 있던
확신을 의문으로 바꿔버리는 것이다.

대화 상대가 당신의 말을 이해하지 못하거나 너무나
강한 편견에 사로잡혀 있어서 곤란했던 적이 있는가?
새로운 개념이나 아이디어를 설명하는 과정에서
흔히 이런 문제가 발생할 수 있는데, 무엇보다 상대가
'내가 제일 잘 알아'라는 생각에 갇혀 있을 때 가장
극복하기가 어렵다.

마법의 말 한마디

아마 당신은 이런 상황이 닥쳤을 때 쓸데없는 설전을 피하고 싶은 마음에 뒤로 한발 물러서거나 자기 의견을 굽히는 방법을 선택했을 것이다. 그러나 의견에는 반드시 탄탄한 논리적 근거가 있어야 가치가 있다. 따라서 이런 갈등을 해결하기 위해서는 단순히 말싸움에서 이기려 애쓰기보다, 상대가 기반을 둔 근거 자체에 대하여 질문을 던져야 한다.

이런 질문을 던지는 목표는 상대방으로 하여금 스스로 근거가 부족한 정보를 토대로 의견을 내세웠다는 사실을 인정하도록 상황을 전환시키는 데 있다. 한편으로는 상대가 창피해지지 않도록 돕는 방법이라 할 수 있다.

자신의 말이 옳다고 고집을 부리는 상대에게,

"~에 대해 좀 알고 계세요?"

라고 질문을 던지는 것은 상대로 하여금 자신이

가진 정보를 재점검할 기회를 줌으로써

그 근거의 진위 여부를 가려 올바른 결정을 내릴 수

있도록 도와주는 방법이다. 실제로 내가 이런 질문을

던지자 상대가 고집을 꺾고 자신이 믿은 근거가

사실무근이었다는 점을 스스로 깨닫게 된 경우가

적지 않았다.

'내가 제일 잘 알아'라는 불편한 태도를
극복할 수 있는 최고의 방법이 있다.
상대가 어떤 정보로 인해
그런 근거를 갖게 되었는지 물어보는 것이다.

실제로 이렇게 적용해볼 수 있을 것이다.

"우리가 어떤 일을 하고, 어떤 차별화 전략을 추구하는지 아시나요?"

"그 일 이후로 어떤 변화가 일어났는지 정확히 알고 있어요?"

"이곳 일이 어떻게 돌아가는지 설명 부탁드려도 될까요?"

"당신이 말하는 그 제품의 효과가 무엇인가요?"

이런 질문을 받는 것만으로도 상대는 자기 의견이 어쩌면 정확하지 않을지도 모른다고 생각할 수 있다. 혹은 자신의 생각을 바꾸기로 마음먹게 될지도 모른다. 물론 당신에게 자기 의견을 낱낱이 알려주면서 반대 노선을 유지할 수도 있다.

그럼에도 질문을 던져보아야 한다. 쓸데없는 말싸움으로 누가 이기고 누가 지는가를 가리자는 것이 아니라, 목적은 당신이 원하는 결과를 얻는 데 있으니까 말이다.

논쟁을 통해 승패를 가리는 것만큼 어리석은 행동은 없다. 현명한 질문을 통해 진정한 승자가 되기를 바란다.

마법의 말 한마디

04

만약 ~된다면 어떨 것 같으세요?

How Would You Feel If?

협상과 설득, 영향력의 기초는 동기 부여

비즈니스 콘퍼런스나 세미나에 가면 지겨울 정도로
숱하게 듣는 단어가 있다. 바로 '동기'다.
나 역시 강연을 할 때마다 매번 청중들에게
이 단어의 의미가 무엇인지 물어보지만, 사람들은
항상 무표정한 얼굴로 침묵한다.

동기는 모든 분야의 협상과 설득, 영향력의 기초가 된
다. 또한 자기 영역에서 최고가 되고 싶다면 누구나
그 의미를 깊이 파고들어야 한다.

간단히 말해 동기의 진정한 의미를 알면
당신이 상대로 하여금 무엇이든 시도하게 할 수
있다는 의미다.
동기, 영어로 'motivation'은 서로 비슷한 뜻을 가진
두 낱말의 합성어다. 앞부분의 'motiv-'는 오늘날
동기라는 의미로 해석되는 라틴어 'motivus'에서,
뒷부분의 '-ation'은 행동을 의미하는 'action'에서

파생되었다. 무엇이든 이루려면 행동을 취해야만
한다. 따라서 동기란, '움직이기 위한 이유' 또는
'행동을 위한 이유'라고 정의해볼 수 있다.

이제 이렇게 질문해보자. 뭔가 거창한 이유가 있다
면 누구나 그게 무엇이든 하고 싶은 마음이 생길까?
만약 상대가 원치 않는 일을 하길 바란다면,
그 일을 하고 싶은 마음이 들 만한 충분하고도
솔직한 이유를 찾아낼 필요가 있다.
과연 어떤 이유여야 충분할지 궁금하다면 우리가
대체로 어떻게 해서 동기 부여를 받는지 이해할
필요가 있다.

우리가 동기 부여를 받는 경로는 크게 두 가지다.
첫째는, 손해를 피하기 위해서고 둘째는, 이익을
취하기 위해서다. 사람들 대부분은 자신이 애타게
원하는 것을 얻기 위해서, 혹은 자신을 다치게 할지도

모르는 것을 피하기 위해서 움직이기 마련이다.
현실에서는 잠재적인 이익보다 잠재적인 손실이
더욱 큰 동기 부여가 되는 경우가 많다.
또한, 상대가 원하는 것과 원치 않는 것을 극명하게
비교하면 할수록 당신이 상대를 움직일 수 있는
가능성이 높아진다. 이러한 동기 부여의 작동 원리를
다음 포인트와 함께 이해하면 마법 같은 위력을
가진 말 한마디를 할 수 있을 것이다.
그 다음으로 당신이 반드시 고려해야 할 점은,
사람들의 의사결정이 감정과 논리 가운데 어느 쪽에
기반하고 있는가다. 살짝 귀띔하자면, 정답은
둘 모두다. 다만 대체로 감정적인 이유가 앞서는
경우가 많다는 점을 기억할 필요가 있다.

누구든 어떤 일에 대해 '옳다'라는 느낌이 들어야
이해해보려는 마음의 문도 열리게 된다.
상대가 왜 당신의 조언은 들은 척도 않는지 도통

모르겠다면, "대체 왜 그렇게 하지 않는지 모르겠어, 그게 최선의 방법인데."라고 의아해하는 데 그쳐서는 안 된다. 당연히 대화는 거기서 끝나버린다.

아직 상대는 납득이 가지 않는데 당신이 아무리 합당하다고 주장해봐야 상대는 그 조언을 받아들일 리 없다.

받아들이지 않는 상대에겐 절대로 논쟁을 주도하려 해서는 안 된다. 사람들은 스스로 옳다고 생각하는 바에 따라 의사결정을 내리기 때문이다.

상대가 먼저 옳다고 느낄 수 있다면 대화는 수월해 질 것이다.

동기 부여에 잠재적인 이익보다 잠재적인 손실이 더 큰 위력을 가진다는 이론을 알면 대화를 시작할 때 손쉽게 다음과 같은 질문을 던져볼 수 있다.

"만약 ~다면 어떨 것 같으세요?"

라는 질문과 함께 멋진 미래의 모습을 제시해주면,

그 말을 듣는 순간 상대는 상상 속에서 타임머신을
타고 미래로 시간 이동을 해서 그 시점의 감정이
어떨지 떠올려 보게 된다.

다만 부정적인 감정과 긍정적인 감정을 동시에
일으키는 시점을 선택해야, 변화를 시도할 만한
가치가 있을지 판단할 근거가 생긴다.
그래야 상대 역시 당신의 제안이 성과는 얻고 손해는
피하는 데 도움이 될 만한 아이디어라고 받아들이게
된다. 이때 당신이 만들어내는 것은 조건에 따라
달라지는 가상의 미래 시나리오와 같다.
상대가 직접 볼 수 있는 가상의 현실 말이다.

현실에서는 잠재적인 이익보다
잠재적인 손실로 인해 더욱 크게
동기 부여받는 경우가 많다.

실제로 현실에 적용해볼 만한 질문 사례를 찾아보자.

"이번 결정이 승진에 영향을 미친다면 어떨 것 같아요?"

"경쟁하던 동료가 당신보다 앞선다면 어떤 기분이 들겠어요?"

"당신이 상황을 호전시킬 수 있다면 어떨까요?"

"만약 모든 걸 잃게 된다면 어떤 기분일 것 같아요?"

이건 어떤가.

"만약 내년에 은행 대출이 모두 탕감되고 그렇게 바라던 집이 생기며 마음대로 휴가를 결정할 수 있게 된다면?"

이런 식으로 "만약"이란 말로 시작되는 조건부 미래 시나리오를 만들면, 사람들은 자신의 미래를 떠올리고 자극을 받아 좋은 쪽으로든 나쁜 쪽으로든 움직일 이유를 찾게 된다. 기억하라. 차이가 극명할수록 상대를 움직일 가능성도 커진다.

05

이런 상상을 해보면 어떨까요?

Just Imagine

시각화를 통해 원하는 결정 현실화하기

사람은 결정을 내릴 때 적어도 두 번의 검증을 거치게
마련이다. 머릿속으로 먼저 가정해보고 실현 가능한
지에 대해서도 검토한다.
당신도 마찬가지라는 걸 알고 있는가?

어떤 결정이 현실화되려면 우선 머릿속에서
상상으로 실행해보아야 한다. 실제로 우리는 이런
말을 하지 않는가.
"그건 정말 상상조차 할 수 없어."

그렇다. 말 그대로 자신이 상상조차 할 수 없는
장면이라면 그 일이 현실에서 정말로 일어날 가능성은
희박하다. 그런데 당신이 상대로 하여금 어떤 장면을
상상하도록 도와줄 수 있다면 어떨까?
상대의 결정에 영향을 미칠 수 있지 않을까?

사람들의 상상을 도와줄 수 있는 방법이 하나 있다.
바로 이야기를 들려주는 것이다. 어린 시절 유치원
선생님이 "옛날 옛적에……"라는 말로 운을 띄우며
동화를 들려주던 때를 기억하는가? 아마 당신은
"옛날 옛적에"라는 말을 듣는 순간부터
어떤 흥미진진한 이야기가 펼쳐질지 기대하며
상상력을 동원해 머릿속에 신나게 그림을 그릴 준비를
했을 것이다. 물론 성인에게 같은 방법이 통하기는
어렵다. 성인들이 구연동화를 듣는 아이들처럼
머릿속에 무언가를 그려보도록 유도하기 위해서는
강력한 말 한마디가 필요하다.

간단하다.
"이런 상상을 해보면 어떨까요?"
라는 말을 듣는 순간, 우리 뇌속의 잠재의식은
스위치를 켜고 스크린을 펼친 후 귀에 들리는 대로
마음껏 그림을 그리기 시작한다. 앞 장에서 우리는

동기 부여에 상상과 시각화가 미치는 영향을 다뤘는데

이번 장에서도 마찬가지 규칙을 적용할 수 있다.

'한번 상상해보세요'라는 이른바 시각화 법칙을

이용하여 상대가 당신이 원하는 대로 움직이도록

자극하는 것이다.

어떤 결정을 현실화시키려면
우선 상대가 머릿속으로 실행해 볼 수 있어야 한다.
이때,
'이런 상상을 해보면 어떨까요?'라는 말이
상대의 상상에 도움을 준다.

예시 문장을 살펴보자.

"이 정책을 실행하고 6개월 만에 어떤 변화가 일어날지 한번 상상해보세요."

"이번 기회를 놓쳤다고 보고하면 상사가 어떻게 반응할지 떠올려 봐요."

"당신이 이 일을 해냈을 때 당신 아이의 표정이 어떨까요? 그 표정을 머릿속에 그려보세요."

"이 제품의 영향력을 한번 상상해보십시오."

당신은 상대의 창의성을 자극하여 원하는 바를 시각화할 수 있도록 도움으로써 당신의 의도를 분명하게 전달할 수 있을 뿐 아니라, 상대가 망설이는 데 허비할 시간을 아낄 수 있다.

팀원이나 잠재고객에게 이렇게 말한다고 해보자.

"디즈니랜드 입장권을 예매했다고 말하면 아이가 얼마나 좋아할지 상상해봐요."

"무대에 올라가서 올해의 우수사원상을 받는다고 생각해봐."

"이번 신차를 타고 뻥 뚫린 고속도로에 들어서는 순간을 상상해보세요."

당신 입에서 이 말이 나오자마자 그들은 바로 그 장면을 머릿속에 그려볼 것이다. 이렇게 시각화하는 순간부터 상대는 말을 현실로 옮기려는 의지가 강해진다. 이런 의지가 당신의 상황, 혹은 당신의 비즈니스에 어떤 영향을 미칠지, 한번 상상해보라!

상대의 머릿속에 그림을 그려 넣고 싶다면
이야기를 들려주어야 한다.
"이런 상상을 한번 해보세요"라는 말을 듣는 순간,
뇌는 당신이 만들어내는 시나리오를
머릿속에서 생생하게 시각화한다.

06

언제가 편하신가요?

When Would Be a Good Time?

자연스레 후속 미팅 유도하기

당신이 엄청난 난관에 부딪친 순간, 이 한마디가
비장의 무기가 될 수 있다. 팔짱낀 채 무관심한 상대가
당신의 아이디어에 집중하도록 만들고 싶을 때가
바로 그 순간이다!

사람들이 당신의 아이디어를 귀 담아 듣지 않는
가장 큰 이유가 뭘까? 일단 제대로 들을 시간이
없기 때문이다!

"언제가 편하세요?"
라는 질문으로 대화를 시작하면 상대는 무의식적으로
가능한 일정이 언제일지 떠올리고, 거절해선
안 된다고 생각하게 된다. 그리고 자연스럽게
구체적인 시간과 날짜를 확인하는 대화로 흘러가고,
적어도 상대로부터 시간이 없다고 거절당하는
상황은 피할 수 있다.

당신의 말에 집중하게 하고 싶다면
적어도 거절당하는 일만은 피하고 싶다면
이렇게 말해보라.
'언제가 가장 편하신가요?'

마법의 말 한마디

실제로 이렇게 질문해볼 수 있다.

"이 제품을 제대로 살펴보기에 가장 좋은 때가 언제세요?"

"언제 시작하면 가장 좋을까요?"

"다음에는 언제 연락드리는 게 편하실까요?"

어떤 상황에서든 상대방으로부터 대답을 듣고 구체적인 다음 일정과 소통 방법을 마련해두어야 한다. 약속한 일정에 만나서 후속 대화를 이어갈 때에는 당신이 제안하는 바에 대해 어떻게 생각하는지 꼬치꼬치 질문하지 않는 편이 좋다. 그래야 상대방이 당신의 제안에 대한 의구심이나 부정적인 의견을 먼저 편하게 이야기할 수 있다. 대신 이렇게 바꿔서 질문해볼 수 있다.

"이 제안에서 마음에 드는 부분이 있으신가요?"

그리고 어떤 점을 긍정적으로 제시하는지를 잘 들어봐야 한다.

'언제가 편하신가요?'
라는 질문으로
대화를 시작하면 상대방이 가장 편한 일정을 떠올리는 동시에
거절 의사를 밝히지 못하도록 유도할 수 있다.

마법의 말 한마디

07

시간이 부족하셨으리라 생각합니다만

I'm Guessing You Haven't Got Around To

부정적인 변명을 예방하는 전략

후속 연락을 할 때 활용하면 좋은 말 한마디가 있다.
당신이 첫 만남 이후 다음 만남을 위한 연락을
망설이는 이유는 아마도 상대가 아직 당신이 요청한
일을 시작조차 하지 않았을 거라는 걱정 때문일 것
이다.

상대에게 제안에 대해 생각해볼 시간,
혹은 다른 누군가와 상의할 시간을 충분히 주었는가?
그렇다면 이제 그 다음 단계를 위해 후속 연락을
해야 할 시기가 아닐까?

그러나 상대가 전혀 마음의 준비가 되지 않았을까봐
걱정된다면, 현재 상황이 어떤지를 묻는 대신 살짝
다른 방식으로 대화를 시작할 수 있다.
상대의 체면을 지켜주되, 예상 가능한 변명을
사전에 차단하는 것이다. 이로써 당신은 대화를
원하는 방향으로 끌고 갈 수 있다.

마법의 말 한마디

상대가 변명으로 준비했던 말을 대담하게
먼저 꺼내는 전략을 시도해보자. 어렵지 않다.
그저 이렇게 대화의 문을 열면 된다.
"아마 시간이 부족하셨을 텐데……."

결정을 내리기 전에 내부 논의가 필요하다고 했던
거래처 직원과 전화하는 상황을 가정해보자.
당신이,
"아직 팀원들과 상의할 시간이 없으셨지요?"
라고 먼저 말을 꺼내면, 그는 단번에 변명할 거리가
없어진다.

이런 경우 상대의 반응은 대부분 두 가지로 나타난다.
약속을 지키지 않았다는 사실을 솔직하게
인정하거나, 약속을 지키지 못한 점에 대해 사과하고
이를 만회하기 위해 다음 약속을 잡는 것이다.

KEY POINT

상대가 변명하기 전에 선수를 쳐라.
'시간이 부족하셨으리라 생각합니다만…'
이라고 말하는 순간
상대는 미안함에 다음 약속을 잡을 것이다.

마법의 말 한마디

몇 가지 사례를 더 살펴보자.

"제가 보내드린 문서들을 살펴보기에 시간이 충분치 않으셨을 것 같습니다만……"

"아직 일정을 잡지 못한 상태이실 것 같은데요……"

"최종 결정을 내리기에는 시간이 부족하셨지요?"

예상하고 있던 부정적인 상황을
당신이 먼저 역으로 제시하면,
상대가 알아서 긍정적인 대안이나
약속했던 바를 지킬 방법을 제안하게 된다.

상대에게 들을까 봐 두려워했던 그 말을 먼저 꺼내면서 당신은 상대를 완전히 무장 해제시킬 수 있다. 당신이 상대에게 먼저 이렇게 말했다고 해보자.

"아직 이 건에 대해서 결정을 내리지 못하셨을 거라고 생각합니다."

이 말에 상대방은 이렇게 대답할 수 있다.

"네, 당신 말이 맞습니다. 아직도 고민하고 있는 중이죠."

그러면 당신은 앞으로의 상황에 대해 협상을 시작하면 된다. 만약 상대방이,

"아뇨, 결정을 내렸습니다"라고 대답한다면,

"좋습니다! 그럼 언제 착수하면 될까요?"

라고 말하면 그만이다!

예상했던 부정적인 상황을 당신이 역으로 제시하면, 상대가 먼저 나서서 긍정적인 대안을 제시하거나 약속을 지키기 위한 방법을 고안할 수 있다. 대부분의 사람들은 자신이 했던 말을 지키려고 하며, 이를 지키지 못하는 상황을 불편해하기 때문이다.

마법의 말 한마디

— 제게 따로 궁금한 것이 있으신가요 —

———— 다음엔 어떻게 연락드리는게 좋을까요 —

———— 세 가지 선택이 가능합니다

아마 저와 비슷하시리라 생각합니다만 ————

———— 만약 ~한다면 ————
————————— 걱정 마세요 ——

———— 사람들은 대부분은

———————— 다행히 좋은 소식이 있습니다 ————

PART **2**

상대의
의사결정에
직접적으로
관여하는 말 한마디

08

제게 따로 궁금한 것이 있으신가요?
다음엔 어떻게 연락드리는 게 좋을까요?

Simple Swaps

대화의 분위기를 바꾸는 단순한 말 바꾸기

여기서는 대화의 분위기를 바꿀 수 있는 아주 단순한 기술을 두 가지 소개하려고 한다. 이 기술은 심리학에 기반을 둔 방식으로 좀처럼 안 풀리는 문제를 해결해주고 확실한 결과를 얻게 해준다.

내가 이 기술을 고안한 까닭은 상당수의 세일즈맨들이 프레젠테이션을 마칠 때마다 저지르는 실수를 예방하기 위해서였다.

프레젠테이션에서 발표자는 끝내기 전에 꼭
"질문 있습니까?"
라는 질문을 던진다. 그런데 이 말을 듣는 사람은 무의식적으로 마치 자신이 질문을 하지 않으면 안 될 것 같은 의무감과 함께 질문이 없을 경우 스스로 바보가 된 것 같은 기분을 느끼거나 확신할 수 없어서 결국 결정을 미루고 그 자리를 피해 생각할 시간을 찾는다.

단어를 아주 살짝 바꾸는 것만으로도

대화의 흐름이 달라질 수 있다.

'질문 있나요?'라는 말을 이렇게 바꿔보자.

'제게 따로 궁금한 게 있으신가요?'

단어를 아주 살짝 바꾸는 것만으로도 대화의 주도권

이 당신에게 돌아갈 수 있다.

"질문 있으신가요?"라는 질문을,

"제게 따로 궁금한 게 있으신가요?"

라는 말로 바꿔보자.

상대는 간단히 '없다'고만 대답해도 되니, 부담감에서

벗어나게 된다. 또한 당신이 상대의 결정을 들을

준비가 되어 있다는 의사를 전할 수 있다.

중요한 사실은 이로써 의사결정을 한 걸음 더

진전시키는 동시에, 적어도 "생각할 시간이

더 필요할 것 같아요"라는 대답만은 피할 수 있다.

마법의 말 한마디

자, 이번에는 두 번째 기술에 대해 이야기해보겠다.

이 역시 대화나 글, 문자메시지 등 그야말로 어디서나

활용할 수 있는 매우 단순하면서도 의미심장한 기술

이다. 특히 상대로부터 너무 티 나지 않고 자연스럽게

추가 정보를 얻고 싶을 때 사용하기에 좋다.

당신이 누군가와 처음 만나서 잠시 대화를 나누었는데

다음에 또 만나고 싶다고 가정해보자. 많은 사람들이

이런 상황에서 흔히 실수를 저지른다.

상대의 기분이 어떤지는 전혀 고려하지 않고

"전화번호 좀 주시겠어요?"라고 물어보는 것이다.

물론 직접적으로 물어보는 것이 필요한 상황도 있다.

그러나 이런 상황에서 상대방이 할 수 있는 대답은

"좋아요." 혹은 "싫어요." 둘 중 하나뿐인 데다,

갑작스럽게 사적인 영역을 침범당하면 상대는

거부감을 느끼기 쉽고 끝내 당신이 원하던 대답을

듣기 어려워진다.

대신 이렇게 물어보면 어떨까?

"다음에 또 만나고 싶으면 어떻게 연락드리는 게

좋을까요?"

보다 편하고 자연스럽게 상대와 연락할 방법을 얻을

수 있을 것이다.

이 장에서 소개한 두 가지 기술은 전혀 복잡하지

않다. 앞서 든 예시는 어떤 단어, 어떤 질문법을

선택하느냐에 따라 대화의 방향을 바꿀 수 있다는

사실을 여실히 보여주는 사례이기도 하다.

혹시 제게 더 궁금한 내용이 있으실까요?
다음에 어떻게 연락드리는 게 좋을까요?
단어 두어 개를 바꾸는 것만으로
대화에서 당신이 원하는 결과를
얼마든지 끌어낼 수 있다.

단순한 말 바꾸기를 실생활에서 어떻게 적용해 볼 수 있을지 예시를 살펴보자.

"제게 따로 더 궁금한 것이 있으신가요?"

"더 궁금하신 내용이 있으시다면 말씀해 주십시오."

"설명이 충분했는지 모르겠지만, 혹시 의문 나는 점이 있으시면 말씀해주세요."

서비스나 제품에 대해 설명한 후, 혹은 프레젠테이션 후에 '질문 있나요?' 라는 다소 공격적인 질문 대신 이렇게 부드럽게 물어보게 되면 상대는 대답에 대한 큰 부담 없이 설명에 대해 숙고할 시간을 가질 수 있다.

또한 미팅 후 자연스레 다음 만남이라는 후속 행동을 유도하기 위해서는 이렇게 물어보는 것이 좋다.

"다음에 다시 뵙고 싶다면 어떻게 연락드리는 게 좋을까요?"

"다음에 더 자세히 안내해드리고 싶은데 언제쯤 어떻게 연락드리는 게 좋겠습니까?"

"편하신 방법대로 연락드리겠습니다."

이 완곡한 질문 덕분에 상대는 거부감 없이 다음 약속 시간과 장소를 알려주게 될 수도 있다.

09

세 가지 선택이 가능합니다

You Have Three Options

쉽고 신속한 결정을 유도하는 선택의 폭 좁히기

타인에게 조종당하고 싶은 사람은 아마 없을 것이다.
거의 누구나 최종 결정은 자신이 내리고 싶어 한다.
그러나 그런 결정이 항상 쉽지만은 않다.
여기서는 바로 그럴 때 옆에서 선택의 폭을 좁히고
최종 결정이 좀 더 쉬워지도록 도와주는 말 한마디를
알려주겠다.

최종 결정을 앞둔 상대에게 이렇게 말하면 된다.
"제가 보기에, 지금 당신이 선택할 수 있는 것은
세 가지입니다."
이 말은 상대의 의사결정을 직접적으로 도와주는
동시에, 당신이 무척 공정한 태도를 유지하고 있다는
인상을 준다.

이때, 가능한 세 가지 선택지는 상대를 돕는 것을
목적으로 하되, 당신이 이뤄야 하는 목표에 유리한
방향에 맞춰 제시해야 한다. 선택지를 세 가지로

정리하여 전달하면 상대가 단번에 듣고 이해하기
쉽다. 또한 말하는 입장에서 당신이 가장 선호하는
선택안을 마지막에 제시하면, 그 선택안의 가치를
좀 더 강조하는 효과까지 있다.

세 가지 선택지를 제시하는 대화 방식은 삶의
여러 측면에서 활용 가능하다. 일상생활과 연관시켜
수십 가지 예를 떠올려볼 수도 있겠지만,
여기서는 일단 한 가지 사례를 살펴보자.

최종 결정을 앞둔 상대에게 이렇게 말하면 된다.
'제가 보기에, 지금 당신에겐 세 가지 선택이 가능합니다.'
이렇게 말하면 상대의 의사결정을
직접적으로 도와주는 동시에,
당신이 무척 공정한 태도를 유지하고 있다는 인상을 준다.

지금 당신의 비즈니스 혹은 조직에 동참할 파트너를 구하는 중이라고 가정해보자. 상대방은 당신의 제안을 받고 아직 고민하고 있다. 이때 현실적인 시나리오를 제시하는 말로 설득을 시작해보면 어떨까?

"대화를 나눠보니 지금 하는 일이 딱히 만족스럽지 않은 모양이네요. 일은 즐겁지 않은 데다 긴 시간을 투여해야 하니 가족과 시간을 보낼 수도 없고, 급여도 불만스럽고요. 그래서 저희가 제안한 사업 계획에 관심은 있지만 아직 확신이 없으신 거지요?

지금 ○○○ 님이 선택할 수 있는 건 세 가지예요.

첫째, 다른 직장을 알아보는 거예요. 구인공고를 검색해서 이력서를 보내고 면접을 보러 다니면서 마음이 맞는 곳을 찾아보는 거죠. 비슷한 업무에 비슷한 보상을 주는 일을 하게 될 가능성이 높겠지만요.

둘째는 아무것도 하지 않는 거예요. 견딜 만하다면 지금 직장에 계속 다니는 것도 나쁘지 않겠죠.

세 번째는 일단 시도해보는 것도 방법이 될 수 있어요. 지금 일을 하면서 조금씩 새로운 일을 시작하고 얼마나 더 나아갈 수 있을지 지켜보는 거예요."

"세 가지 선택 가운데 무엇이 더 편할까요?"

대화를 이렇게 마무리하면 상대에게 이제 한 가지를 선택하도록 동기 부여할 수 있다.

수고스럽게 새 직장을 찾아다니는 첫 번째 선택지, 마음에 없는 직장을 다니는 두 번째 선택지를 테이블 위에서 치우고, 당신의 제안이 가장 매력적으로 보이도록 유도하는 것이다. 상대가 거부감을 느끼지 않고 가장 가치 있는 결정을 내릴 수 있게 돕는 방법이기도 하다.

"세 가지 선택이 가능합니다"
라는 말로 대화를 시작하여,
"이 중에서 당신에게 좀 더 편한 게 뭘까요?"
라는 말로 대화를 마무리하라.
대화가 시작되기 전에는 어렵게만 보이던 의사결정 과정이 훨씬 수월해지는 경험을 하게 될 것이다.

10

세상에는
두 가지 유형의 사람이 있습니다

Two Types of People

의사결정의 조력자가 되어 결정의 촉매제 역할하기

사업가와 세일즈 전문가, 자영업자로 일하다 보면
고객, 거래처, 동업자 등 여러 사람들의 의사결정을
도와야 하는 의무를 갖게 될 때가 있다.

나는 세일즈에 몸담은 이들에게 현재 고객과
잠재고객을 위한 "결정의 촉매제가 되라"고 말하곤
한다. 이는 즉, '의사결정의 조력자'가 되라는 의미다.

타인의 관심을 끄는 재주가 있는 사람은 적지 않다.
그러나 최종 결정을 내리는 순간에 영향을 미칠 수
있어야 비로소 원하는 결과를 얻을 수 있다.
이게 꽤 어렵다는 게 문제지만.
선택의 범위를 줄이고 쉬운 안을 골라주면서
상대의 결정을 도와야 한다. 극단적인 선택지를
주면 결정을 내리기가 꽤 쉬워지기도 한다.
레드 와인과 화이트 와인, 바다로 떠나는 휴가와
스키장으로 떠나는 휴가, 로맨틱 코미디 영화와

액션 영화…… 선택의 범위가 지나치게 넓을 때보다
결정이 훨씬 간단해지지 않는가. 당신의 목표는
상대가 선택을 쉽게 하도록 도와주는 것이다.

상대에게 '두 가지 유형' 가운데 본인은 어느 쪽에
속하는지를 묻고 곧바로 선택하도록 질문해보라.
"세상에 두 가지 유형의 사람이 있는데 말이야."
라는 말을 듣자마자 상대는 머릿속으로 자신이
어느 쪽에 해당할지 궁금해하며 숨을 죽이고 그다음
말에 귀를 기울일 것이다.

상대의 최종 결정에 강력한 영향력을 행사하고 싶다면
'세상에는 두 가지 유형의 사람이 있습니다'
라고 말을 꺼내라.
당신은 기꺼이 상대의 결정을 도와주는
조력자 역할을 해야 한다.

이제 당신이 해야 할 일은 상대에게 두 가지 선택지를 제시하고 한 가지 선택을 더 하기 쉽도록 유도하는 것이다. 몇 가지 사례를 살펴보자.

"세상에는 두 가지 유형의 사람이 있습니다. 자신의 성공은 직장 상사나 고용주에게 달려 있다고 생각하는 사람과 자신이 어떻게 하느냐에 따라 달라진다고 생각하는 사람 말이죠."

"세상에는 두 가지 유형의 사람이 있어요. 어떤 일을 시도해보기도 전에 지레짐작으로 판단하는 사람과 무언가에 도전하기 위해 준비하고 경험에 따라 판단하는 사람이죠."

"세상에는 두 가지 유형의 사람이 있습니다. 과거의 향수에 젖어 변화를 거부하는 사람과 시대의 흐름에 부응하며 더 나은 미래를 만들려고 하는 사람. 당신은 어느 쪽인가요?"

예시 문장만으로도 이 대화의 패턴이 보일 거라 짐작한다. 이렇게 두 가지 선택을 제시하는 것만으로 당신이 상대에게 제시하고 싶은 가치를 강조할 수 있다.

독자로서 여러분이 알아야 할 것이 있다. 이 세상에는 두 가지 유형의 사람이 있다. 이 책을 읽고 난 뒤에도 아무것도 하지 않는 사람과 읽은 것을 실제로 시도해보고 결과를 즐길 줄 아는 사람. 당신은 어느 쪽이 되고 싶은가?

11

아마 저와 비슷하시리라 생각합니다만

I Bet You're a Bit Like Me

작지만 즉각적인 동의를 통해 보다 완벽한 찬성 얻어내기

이 장에서 소개하는 말은 내가 가장 좋아하는 것 중 하나다. 상대가 누구든 동의하도록 하는 말이기 때문이다. 이미 아는 사람보다는 처음 만나는 사람과 대화할 때 특히 효과가 강력하다.

처음 만나는 사람과는 대화의 흐름이 가볍고 수월해야 한다. 즉, 거부감을 최대한 줄여야 한다.

상대가 당신의 말을 진심으로 믿고, 동시에 신속하게 당신에게 동의하도록 만들고 싶은 상황에서 이 말이 특히 유용하다.
"당신도 저와 비슷하겠지만……"
이라고 대화의 포문을 여는 순간, 상대는 당신에게 동의하는 동시에 당신의 말이 합리적이라고 규정하게 된다.
특히 이 말은 후속 제안을 가능하게 하는 역할을 한다.
나는 여러 고객을 만나면서 사람들이 항상 백 퍼센트

정직하지는 않다는 사실을 배웠다. 당신도 저와
비슷하겠지만, 이라는 말은 사실상 동의하지 않기가
더 어렵기 때문에 결국 상대는 당신의 목적대로
후속 제안을 긍정적으로 검토하게 된다.
결과적으로 당신은 이 말 한마디로 거절을 피하고
완벽 동의를 얻는 기회까지 잡을 수 있다.

처음 만나는 상대에게
'당신도 저와 비슷하시겠지만'이라고 대화의 문을 여는
순간
상대의 마음도 당신을 향해 함께 열릴 것이다.
동의하지 않기가 더 어려운 이 말 한마디 덕분에
거절을 피하는 것은 물론
다음 약속을 잡을 기회까지 생길 수 있다.

미팅 중에 당신이 상대방으로부터 시간이 없다는 말을 듣고 당신의 제안이 거절당할까 봐 두려워하는 장면을 상상해보자. 그렇게 되지 않으려면 대화 초반에 이렇게 말해보면 어떨까?

"당신도 저와 같이 미래에 일한 만큼 보상을 받을 거라는 걸 알기 때문에 기꺼이 일하시는 거겠지요"

"당신도 저와 비슷하시지 않을까요? 가끔은 소중한 저녁시간에 쓰레기 같은 TV 프로그램을 보고 앉아 있는 것보다 뭔가 유익한 걸 하고 싶잖아요."

"고객님도 저와 마찬가지로 매일 바쁘게 살아가시리라 생각합니다. 여러 가지 일들을 효율적으로 해내려고 노력하고 있을 테고요."

대화를 시작할 무렵에 이런 말을 슬쩍 흘려보자. 마주 앉은 상대가 당신의 말에 고개를 끄덕이는지 지켜보라. 만약 고개를 끄덕인다면 상대 역시 당신이 전달하려는 바가 무엇인지 이해하며 동의한다는 의미로 볼 수 있다. '당신도 저와 비슷하시겠지만'이라는 말 한마디로 인해 당신의 제안이 거절당하는 것을 피할 확률이 높아진다. 고개를 끄덕임으로써 이미 당신의 제안이 마음에 든다는 의사 표시를 한 셈이기 때문이다.

"당신도 저와 같겠지만……"

이라는 말에는 상대로 하여금 마음의 경계를 풀고 당신의 제안에 부담을 갖지 않게 함으로써 자연스레 동의하게 만드는 효과가 있다.

12

만약~ 한다면

If- Then

내적 가치관에 영향력을 발휘하는 조건문 활용법

우리가 말하고 듣는 방식, 그리고 가치관은 모두
어린 시절을 거치면서 우리 내면에 형성된다.

우리가 유년기에 반복적으로 듣는 어휘나 문장의
유형이 자연스럽게 습관에 영향을 미치고
내적 가치관을 형성하게 하는데 내적 가치관은
나아가 우리가 내리는 의사결정의 기반이 된다.

아이들이 부모로부터 일상적으로 듣게 되는
다음과 같은 간단한 대화 유형을 한번 살펴보자.
우리가 어린 시절부터 어떤 말의 영향을 받는지
알 수 있다. 어른은 아이에게 이런 조건문을 상당히
자주 제시한다.

"만약 저녁밥을 먹지 않으면 간식도 주지 않을 거야."
"만약 학교 공부를 열심히 하지 않으면, 나중에 커서
가고 싶은 대학에 못 간다."

"만약 깨끗하게 방 청소하지 않으면 이번 주말에는
밖에 나가서 못 놀아."

'만약 …한다면'이라는 말을
샌드위치처럼 문장 사이에 끼워 넣어보자.
'…한다면'이라는 말 다음에 당신이 보장하는 결과를
배치했을 때 듣는 사람은 결과에 대해
확신할 확률이 높아질 것이다.
이 대화법을 실전에서 바로 활용해본다면
장담하건대 빠른 시일 안에 원하는 결과를 얻게 될 것이다.

이런 조건문 형태의 문장은 영향력이 꽤 크다. 듣는 사람의 생각과 행동에 영향을 미치기 때문이다.

"만약 …한다면"이란 말로써 어떤 상황을 가정하고 이 조건에 따른 결과에 대해서 설명하면, 듣는 이가 그 말의 효력을 믿을 확률이 꽤 높아진다.

"만약 이 제품을 한번 써보시면 절대 후회하지 않을 겁니다."

"만약 저희 매장에 귀사의 제품을 납품하면 장담하건대 고객들도 무척 흡족해할 겁니다."

"만약 제게 그 역할을 맡겨주신다면, 나중에 저에게 고마워하실 만큼 잘 해낼 수 있어요!"

13

걱정 마세요

Don't Worry

불안한 상대를 안심시키는 특별한 힘을 가진 말

내가 이 말을 사랑할 수밖에 없는 이유가 있다.
긴장했거나 불안해하는 사람, 걱정이 많은 사람에게
미치는 힘이 특별하기 때문이다.

함께 있는 사람이 뭘 어떻게 해야 좋을지 몰라
불안해하거나 심지어 두려워할 때가 있다.
이런 상황에서 즉각적으로 상대를 안심시켜주는
말 한마디가 있다. 상대가 이 한마디를
듣는 것만으로도 변화하는 모습을 볼 수 있다.

상대는,
"걱정 마세요."
라는 말을 듣는 순간 가장 먼저 온몸을 옥죄고 있던
긴장감이 누그러진다. 내가 이렇게 차분하면서도
확신을 갖고 말하면, 상대에겐 자연스레 심호흡을
할 때와 같은 효과가 생긴다. 내쉬는 숨을 통해
부정적인 감정이 빠져나가고 스스로 상황을 통제할

수 있다는 자신감까지 생길 수 있다.

특히 스트레스가 어마어마한 상황에서 이 한마디는
큰 효과를 발휘한다. 혼란에 빠진 사람을 대면하거나
상대의 마음을 달래줘야 하는 상황이라면 한번
시도해보길. 상대가 안절부절못하고 있을 때 당신이
자세를 다잡고 침착하게 이 말을 건넨다면,
상대는 모든 상황이 괜찮아질 거라고 안심할 수 있을
뿐 아니라 다음 단계로 나아갈 힘까지 얻을 것이다.

KEY POINT

여러 걱정 때문에 결정을 내리지 못하고
갈팡질팡하는 상대에게 이렇게 말해보라.
'걱정마세요.'
상대를 안심시키고 자신감을 북돋아
다음 단계로 나아갈 수 있는
힘까지 줄 수 있는 말로 이만한 말이 없다.

마법의 말 한마디

"걱정하지 마. 지금 긴장되는 건 당연해."

"걱정 마세요. 이제 뭘 해야 좋을지 막막할 테지만, 제가 함께할게요. 오늘 제가 여기에 온 건 당신이 이번 과정을 잘 해내도록 돕기 위해서니까요."

"걱정 마. 나도 처음 시작할 땐 지금 너처럼 긴장했었어."

여러분도 걱정하지 마시길. 지금은 이 많은 문장들을 어떻게 활용해야 좋을까 막막할지도 모른다. 그러나 하나씩 차례대로 습득하며 당신 방식대로 몸에 익히다 보면 조금씩 더 멋지게 대화할 수 있게 될 것이다!

"걱정 마세요"라는 말 한마디는
특히 스트레스가 어마어마한 상황에서
큰 효과를 발휘한다.
혼란에 빠진 사람을 대면하거나
상대의 마음을 달래줘야 하는 상황이라면
한번 시도해보길.

14

사람들 대부분은
Most People

사회적 증거의 법칙 활용하기

딱 일곱 글자로 된 이 말만큼 협상에서 유용한 무기는 없다. 아마 그동안 내가 비즈니스에서 사용했던 그 어떤 전략도 이 말을 이기지는 못할 것이다.

미팅 시 의사결정 단계에서 상대가 우물쭈물하고 망설이는 순간만큼 큰 난관은 없다. 이럴 때 이 말을 사용하면 상대는 결정을 미루는 것을 멈추고 곧바로 결론으로 넘어가게 된다.

의사결정 과정에서 알아두어야 할 사람들의 심리가 두 가지 있다.

첫째, 사람들은 자기 이전에 다른 사람들이 내린 결정을 신뢰하는 경향이 있다. 그 결정을 그대로 따라도 괜찮을 거라고 생각하는 것이다.

당신도 비슷한 경험을 해본 적이 있지 않은가.
예를 들어 휴가 때 친구들과 함께 해변에 놀러갔다고
해보자. 제법 높은 바위 위에 다 같이 올라가 바닷물로
다이빙을 하기로 했지만 차마 먼저 나서는 사람이
없다. 그때 누군가 용기를 내어 물속으로 첨벙
뛰어든다. 그가 어디 하나 다친 데 없이 함박웃음을
지으며 물 위로 떠오르는 순간 당신을 비롯해 친구들
모두 다이빙하러 오길 참 잘했다고 생각할 것이다.
당신과 나를 포함하여 세상 거의 모든 사람들은
타인의 행동에 영향을 받으며 다수의 결정이
안전하다고 믿는다.

둘째, 때때로 사람들은 누군가 자신이 무엇을
해야 할지 누군가 알려주기를 바란다.
물론 본인이 허용할 마음의 준비가 되지 않았을 때
이런 지시를 받으면 무례하다고 느낄 테지만 말이다.

사람들은 다수의 결정을 신뢰하는 경향이 있고
결정하기 힘든 순간에 자신을 대신해 결정해주길
바라는 심리가 있다는 두 가지 사실로 인해 '사람들
대부분은'이라는 일곱 글자가 강력한 영향력을
발휘하는 것이다.

만약 당신이 상대에게 "내 생각에는 네가 이렇게
하면 좋겠어"라고 말하고 싶지만, 상대가 불쾌하지
않게 의도를 전달하고 싶다면 이 말을 활용하고
상황이 어떻게 변화하는지를 관찰해보라.

당신이 상대에게 대다수의 사람들이 어떻게 하는지
알려주면, 상대의 잠재의식 속에서 뇌는 이렇게
속삭일 것이다.

"아, 나도 대부분의 사람들에 속하지.
그러니까 사람들 대부분이 하는 대로 따라가는 게
맞을 거야."

상대에게 사람들 대부분의 경우를
설명해주는 순간 그의 뇌 속에서
이런 생각이 떠오를 것이다.
'나도 대부분의 사람들 중 하나니까
아마 이렇게 하는 게 맞을 거야.'

마법의 말 한마디

'사람들 대부분'이라는 말을 어떻게 활용할지는 이미 잘 알고 있을 거라고 생각한다. 그 예시 역시 무궁무진하다.

"오늘 대부분의 참석자 분들이 저희와 함께 이 양식을 작성하셨습니다. 작성하신 후에는 저희가 드리는 사은품을 받으시고, 행사 참여 예약까지 완료하시도록 도와드리겠습니다."

"대다수의 사람들이 베스트셀러인 제품을 시험 주문하고 일상에서 직접 사용하고 있습니다. 일단 써보고 나서 다음에 어떤 결정을 내릴지 선택해도 되지요."

"너와 같은 상황에서 사람들 대부분은 적극적으로 이 기회를 잡을 거야. 위험 부담이 거의 없기 때문이지."

각각의 예시 문장을 통해 이 말이 당신의 제안에 어떻게 힘을 실어주는지 살펴보길 바란다.

많은 비즈니스맨들은 실제로 "사람들 대부분은"이라는 말을 일상적인 대화에서 흔히 사용하며, 대부분의 경우 그 효과는 즉각적이고도 긍정적이다.

"사람들 대부분"이라는 말은
일상에서 흔히 사용되며
거의 눈으로 확인될 만큼
즉각적인 효과를 거둔다.

15

다행히 좋은 소식이 있습니다

The Good News

내 제안에 긍정적인 라벨 붙이기

지금부터는 부정적인 에너지를 긍정적인 에너지로 전환시키는 방법을 알아보자. 당신과 뜻이 맞지 않는 직장 동료나 의심부터 하고 보는 고객, 혹은 인생에서 마주치는 누군가로부터 흘러나오는 온갖 부정적인 에너지를 어떻게 하면 바꿀 수 있을까?

'라벨 붙이기 효과(labeling)'라고도 불리는 이 기술을 활용하면 대화할 때 상대의 부정적인 태도를 긍정적으로 전환하는 것이 가능해진다.

일단 라벨이 한번 붙으면, 그 순간부터 라벨은 쉽게 제거되기 힘들다. 하지만 이 효과를 어떻게 활용하는가에 따라서 비교적 쉽게 대화의 흐름을 보다 긍정적인 방향으로 바꿀 수 있다.
효과적으로 활용할 수 있는 한마디가 바로,
"다행히 좋은 소식이 있습니다"이다.
이렇게 말문을 열면 상대에게 전하려는 메시지의

장점을 부각시킬 수 있을 뿐만 아니라 자연스레
이 메시지에는 긍정적인 라벨 붙이기 효과가
일어난다.

'다행히 좋은 소식이 있습니다' 라는 말은 단순히
비즈니스 상황에만 국한되지 않는다. 당신이 삶의
부정적인 면을 마주하도록 용기를 주고,
비난과 동정이 이어지는 자기모순적인 대화에 빠지는
것을 막으며, 새로운 방향으로 나아가는 데 도움을
줄 수 있다.

사람들이 결정을 내리지 못하는 이유와 변명을
늘어놓을 때에도 비슷한 대응법을 쓸 수 있다.

사람들은 자신이 진행하지 못하는 이유를 꺼내들면
상대가 한발 뒤로 물러남으로써 상황이 역전될
것이라고 예상한다. 그럴 때 예상과는 정반대로

반응하면 어떨까?

예를 들어 누군가 당신의 제안을 받아들이지 못하는

이유를 말했을 때,

"그거 잘됐군요."

라고 대답하는 것이다.

"이런저런 이유 때문에 못하겠어요"라고 대답하는

상대에게,

"그거 잘됐군요. 덕분에 제 제안에 어떤 문제가 있는

지를 알게 되었으니까요."

라고 말하고, 당신을 바라보는 상대방의 시선이

어떻게 달라지는지를 관찰하라.

이 말을 하는 순간, 상대의 생각이 완전히 바뀔 수도

있다. 간혹 몇몇은 당신이 제정신이 아니라고

생각할지도 모르지만, 그런 사람이라면 뭐, 어차피

평생 알고 지낼 사이도 아니지 않은가.

"다행히 좋은 소식이 있습니다."
이 말을 대화의 서두로 삼아보자.
대화의 흐름이 훨씬 긍정적인 방향으로 바뀔 것이다.

자신의 능력을 확신하지 못하고 망설이는 사람에게도 이 말을 건넬 수 있다. 이를테면 이렇게 조언할 수도 있다.

"네가 알면 좋은 소식이 있어. 무슨 일이든 시작할 때 불안해하는 사람이 너 혼자만은 아니란 거지. 다들 너처럼 내가 잘할 수 있을까 걱정하고 초조해하지만 끝까지 해내는 걸 봐. 먼저 경험한 사람들한테 조언이나 도움을 구할 수도 있을 거야."

스스로에게 사업을 운영할 능력이 충분한지 걱정하는 사람에게는 이렇게 말할 수 있을 것이다.

"다행히 좋은 소식이 있습니다. 저희 회사에서 이번 시즌부터 고객님처럼 사업 운영 능력을 키우고 싶은 분들을 위해서 트레이닝 강좌를 시작할 예정입니다."

더 크게 성공하고 싶어 하면서도 변화에 거부감을 느끼는 사람에게는 어떻게 말할 수 있을까?

"현 시점에서 다행히 좋은 소식은, 당신 역시 지금 방법이 효과가 없다는 사실을 잘 알고 있다는 거죠. 그렇다면 이런 대안을 한번 시도해보는 것도 손해날 건 없지 않을까요?"

마법의 말 한마디

상대방이 확신하지 못하는 상황, 의심에서 벗어나지 못하는 상황이라면 "다행히 좋은 소식이 있습니다"와 같은 말로 대화의 분위기를 바꿔보자. 좀 더 낙관적인 결론을 얻을 수 있을 뿐만 아니라, 대화 중에 감돌던 팽팽한 긴장감과 어두운 분위기를 재빠르게 날려버릴 수 있을 것이다.

"다행히 좋은 소식이 있습니다"와 "그거 잘됐네요"라는 예기치 못한 대답으로 상황을 역전시키는 순간, 사람들은 본인의 기존 생각을 바꾸고, 더 나은 결과와 행동이 무엇일지 스스로 자문해 볼 것이다.

— 그 다음 단계에 하서야 할 일은 —

— 이유를 여쭤 봐도 될까요 —

— 결정을 내리시기 전에 —

만약 제가~할 수 있다면, 마음을 바꾸시겠어요 —

— 이 정도면 충분하시겠어요 —

— 딱 한가지 더 있습니다 —

— 작은 부탁 하나만 들어주실 수 있을까요 —

— 그냥 궁금해서 여쭤보는 겁니다만 —

PART 3

나의 선택이
상대에게
최고의 결정이
되게 하는 말 한마디

16

그 다음 단계에 하셔야 할 일은
What Happens Next

결정의 폭을 줄여 선택의 수고 덜어주기

비즈니스 상황에서 숱하게 일어나는 상황을 한번
살펴보자.

당신은 고객과 만날 기회를 얻었고 최선의 노력을
다해 당신이 그들에게 무엇을 해줄 수 있는지
완벽하게 프레젠테이션했다. 고객은 지금 고개를
끄덕이며 당신을 향해 미소 짓고 있다.

당신은 이제 고객이 확실하게 결정하기를 원한다.
그러나 고객과의 관계 형성, 적절한 정보 제공이라는
비즈니스의 모든 절차를 충실히 이행해왔는데도
불구하고, 대화는 그 어떤 실질적인 결정으로
이어지지 않은 채 멈춰버렸다.

이런 상황은 생각보다 자주 벌어진다. 어째서일까?
상대를 너무 밀어붙이고 싶지 않다는 생각과 강매하는
장사꾼처럼 보이고 싶지 않기 때문에 기껏 시작한

일을 마무리하기가 어려워진다.

의사결정 과정에서 물러난 채 상대가 알아서

제대로 된 선택을 하도록 맡기는 것은 너무나 쉽다.

그러나 당신의 도움이 없으면 상대는 어떤 결정도

내리지 못하며, 결국 아무도 원하는 결과를 얻지

못하는 상황이 벌어지기 쉽다.

따라서 논의 과정에서 대화를 이끌어가는 것은

당신이 해야 할 의무이며, 필요한 정보를 공유한 뒤

마무리 짓는 역할까지 맡아야 한다.

이 시점에서 당신이 할 일은 상대에게 그다음으로

무엇을 해야 하는지 알려주는 것이다.

"그 다음 단계에 하셔야 할 일은……"

이라고 서두를 열면 그 다음 단계에서 자연스레

상대방이 결정을 내리는 데 필요한 정보를 제공할

수 있다. 당신은 프레젠테이션을 통해 상대에게

적절한 정보를 제공하고 그 후속 과정까지 매끄럽게

안내해야 한다.

서두를 이렇게 꺼내면 전문성 있는 안내자로서

당신의 역할이 더욱 부각되는 효과가 있다.

상대에게 이제 무엇을 하고 싶은지 물어보는 것이

아니라, 무엇을 해야 할지 알려주는 조력자가 되기

때문이다.

"이제 다음 단계는 고객님의 개인 정보를 확인한 뒤

가능한 한 빠른 시일 내로 모든 것을 받아보실 수

있도록 준비하는 것입니다. 그 다음, 후속 미팅 일정을

잡으시죠. 후속 미팅에서는 목표 설정에 필요한

절차를 옆에서 도와드리겠습니다.

그럼, 고객님의 주소 확인 먼저 도와드릴까요?

이 모든 단계를 성공적으로 마무리 하려면 상대가

대답하기 쉬운 질문을 던져야 한다.

대답하기 쉬운 질문이야말로 신속하게 긍정적인

결과를 얻는 비법이다.

앞에서 소개한 예시 문장에서도 대화를 마무리 지을 때
상대에게 아주 단순한 질문을 던졌다. 고객이 자신의
주소를 알려주는 순간, 당신의 제안에 마음이 움직일
가능성 역시 그만큼 열린 것이라 볼 수 있다.
원하는 방식으로 상황을 종료하기 위해서는
어떤 유형의 질문이든 던져도 좋다.
단, 기억해야 할 것은 대답하기 쉬운 질문을 던져야
상대가 결정을 내리기도 쉽다는 점이다.
당신은 간결하면서도 핵심을 찌르는 '그 다음 단계에'
대화법을 통해 앞으로의 미팅을 성공적으로 마무리
할 수 있으며, 앞으로 더 많은 거래를 성사시킬 수
있다는 자신감까지 갖게 될 것이다.

대화를 이끌어가는 것은
당신에게 주어진 의무다.
필요한 정보를 제공하고
대화를 마무리 짓는 것 역시 당신 역할이다.
한편,
대답하기 쉬운 질문을 던져야
결정을 내리기도 쉽다.

만족할 만한 미팅 후에 상대의 반응도 긍정적인 편이지만 의외로 의사결정을 내리는 일을 앞두고는 쉽게 결론이 나지 않는 경우가 많다. 이럴 때 바로 다음과 같이 서두를 꺼내며 상대의 결정을 도와주는 것이 바람직하다.

"이제 다음 단계에 하셔야 할 일은……."

"결정이 어려우시겠지만 제가 팁을 드리자면 이제 다음엔 이렇게 하시면 됩니다."

"제가 좀 도와드리겠습니다. 나쁘지 않은 제안이라고 생각하신다면 이제 다음에 하실 일은……."

마음을 정하지 못하는 상대의 적극적인 조력자가 됨으로써 상대에게 도움이 될 수 있는 최선의 선택을 내려준다면 미팅은 모두가 원하는 결과를 맺고 성공적으로 마무리될 수 있을 것이다.

마법의 말 한마디

17

이유를 여쭤 봐도 될까요?
What Makes You Say That?

거절에 맞서 주도권을 찾게 하는 질문

살다 보면 거절당할 일은 숱하게 많다. 직장에서든
일상에서든 당신이 무언가 제안했을 때 상대가 바로
결정하지 못하고 망설이거나 반대하는 상황은
부지기수로 일어난다. 그리고 생각보다 자주 내
의견을 포기하고 다른 사람의 아이디어를 받아들여야
하는 순간도 생긴다.
이런 상황에서 고집을 부리면 갈등이 생기는 탓에
사람들 대부분은 말싸움을 피하기 위해 기꺼이
자기 목표를 버리고 쉽게 가는 쪽을 택한다.

그러나 거절을 극복하려면 가장 먼저 상대가 거절하는
이유가 무엇인지를 이해해야 한다. 실제로 "고맙지만
사양할게요"라는 의사표현을 하고 싶거나 결정을
미루고 싶을 때 제안을 거절하는 경우가 적지 않다.
그런데 거절은 대화의 주도권을 바꿔버리기도
한다는 게 문제다. 상대가 거절하는 순간 주도권이
넘어가면서 당신은 어쩔 수 없이 상대의 뜻대로

따라가기 쉽다.

협상에서 성공하려면 시종일관 대화의 주도권을
놓치지 말아야 한다. 대화의 주도권은 언제나 질문을
던지는 사람에게 있다. 어떤 방식으로 거절당하든,
거절을 그저 하나의 질문처럼 여기고 대응해보라.
질문을 질문으로 맞받아치는 순간, 대화의 주도권은
곧바로 당신에게 돌아올 것이다.

비즈니스에서는 흔히 이런 식으로 거절당하기 쉽다.

"시간이 없어서요."

"지금은 이야기하기 적절한 때가 아니라서요."

"좀 더 둘러보고 올게요."

"지금 당장 투자할 돈이 없어요."

"결정을 내리기 전에 다른 사람들과 의논할 시간이
필요해요."

이런 상황에서 최악의 대처는 상대의 말에 일일이 반박하며 자기주장만 내세우는 것이다.
고집은 최선의 대안이 아니다. 그보다는 상대가 거절하는 이유에 관심을 가지고 역질문을 해보는 것이 오히려 효과적일 수 있다.

협상에서 성공하려면 시종일관
대화의 주도권을 놓치지 말아야 한다.
대화의 주도권은 언제나
질문을 던지는 사람에게 있다.

물론 상대방이 하는 말에 꼬치꼬치 반박하고 말꼬리를 잡아 상대의 틀린 부분을 지적해주고 싶을지도 모른다. 그러나 그런 욕구는 붙잡아두고 수많은 상황에서 효과를 입증한 이 말을 건네 보자.
"이유를 여쭤 봐도 될까요?"

마법의 말 한마디

거절을 극복하려면
상대가 거절하는 진짜 이유를 알아야 한다.
대화의 주도권을 뺏기지 않고 거절을 역전시킬 수
있는 최고의 질문은 바로 이것이다.
'이유를 여쭤 봐도 될까요?'

고객이 결정을 앞두고 망설이거나 거절 의사를 비칠 때 이렇게 대응해보면 어떨까?

"아무래도 결정을 내리기 전에 가족들과 의논을 좀 해야 될 것 같아요."

》"의논이 필요하신 이유를 여쭤 봐도 될까요?"

"제가 정말로 지금 당장은 자금이 부족해서요."

》"그 이유를 여쭤 봐도 괜찮을까요?"

"제안해주신 건 좋지만, 지금 제 상황에서 맞춰보기에는 시간이 빠듯할 것 같아요."

》"어떤 면에서 그런지 말씀해주실 수 있을까요?"

이렇게 질문을 던지면 상대는 앞서 자신이 했던 말과 당신의 질문 사이에 비어 있는 정보를 채워야 할 것 같은 의무감을 느끼게 된다.

마법의 말 한마디

또한 역질문은 대화의 주도권을 떠나서, 당신이 상대방에게 섣불리 선입견을 갖거나 경솔하게 말싸움을 하게 되지 않도록 도와준다. 후속 행동에 들어가기 전에 상대방의 관점에서 상황을 이해할 기회가 생기기 때문이다.

당신은 그저 상대에게 충분한 설명을 요구하는 것일 뿐이다.

"그 이유를 여쭤 봐도 될까요?"

라는 질문은 걱정의 이유를 충분히 설명해 달라는 의사표현인 동시에, 상대로 하여금 진짜 속내를 털어놓게 해주는 기능이 있다. 상대가 정말로 바라는 것이 무엇인지를 알아야 의사결정에 도움을 줄 수 있으며 적어도 왜 지금 당장 결정을 내리지 못하는지 이해할 수 있다.

18

결정을 내리시기 전에

Before You Make Your Mind Up

No라는 선택을 유보하게 하는 말

상대의 마음을 "No"에서 "Yes"로 바꾸기란 거의
불가능에 가깝다. 그 마음을 바꾸고 싶다면,
일단 "Maybe(아마도)" 쪽으로 옮겨야 한다.

만약 상대가 당신의 제안을 받아들일 것 같아
보이지 않는다면, 재빨리 상대를 출발점으로 되돌려
놓아야 한다.
이럴 때 필요한 말이 바로 "결정을 내리시기 전에"다.

상대가 'No'라는 결론에 이르기 전에
결정을 유보하는 단계로 돌려놔야 한다.
이때 적절한 말이 바로 '결정을 내리시기 전에' 다.
대화를 원점으로 돌림으로써 원하는 결과에 이를 수 있다.

상대방의 거절로 대화가 중단되는 사태를 막고 다시 활기를 띠게 하고 싶다면 이렇게 대화를 끌고 가보자.

"고객님께서 결정을 내리시기 전에 저희가 필요한 정보를 모두 설명해드렸는지 한번 확인해보겠습니다."

"최종 결정을 내리시기 전에 제반 사항을 한 번 더 점검해보면서, 만족스럽지 않으신 부분이 뭔지 알아보면 어떨까요?"

"결정을 내리시기 전에 이 제품이 고객님과 가족들의 생활에 어떤 변화를 불러올지 다른 분들과 의논해보는 건 어떨까요?"

단순해 보이지만 이 말은 협상을 "No"에서 끝맺지 않고 완전히 다른 관점에서 재고하는 효과를 불러온다. 당신의 아이디어를 지지하면서도 상대의 결정에 더욱 영향력을 미칠 수 있는 정보를 추가로 제공하여, 결과적으로 당신에게 좀 더 유리한 결정이 가능하게 해주기 때문이다.

19

만약 제가~할 수 있다면
마음을 바꾸시겠어요?

If I Can, Will You?

결정을 바꾸는 추가 조건 제시 전략

잠재고객이나 이미 잘 알고 있는 고객이 당신의
제안을 수락할 수 없는 이유를 들며 한 걸음 물러나는
것을 대책 없이 지켜본 적 있는가?

어쩌면 상대는 당신이 계약 조건이나 가격을 다르게
제시해주길 기대했는지도 모른다.
그런데 이런 상황은 비즈니스에서뿐만 아니라
일상에서도 흔히 벌어진다. 지인이나 친구에게
무언가를 함께하자고 제안했을 때 동참하기 어려운
이유를 들어 거절당한 적은 누구나 있을 것이다.
어째서일까? 상대가 당신의 제안에 대해 외부 조건의
핑계를 대면서 불가능하다고 말하면, 불가능한
상황을 만드는 조건을 차단시키고 반박할 수 없는
강력한 질문을 함으로써 외부 조건이라는 장벽을
무너뜨려야 한다.
"만약 내가 …을 할 수 있다면, …하시겠어요?"
같은 유형의 질문이 바로 그 해결책이 될 수 있다.

예를 들어보자. 당신은 다음 주 금요일 저녁에
친구와 함께 시간을 보내고 싶다. 그런데 친구는
자동차가 고장 나서 수리를 맡겨두었고 버스가 늦은
시간까지 운행하지 않아 아무래도 어려울 것 같다고
말한다. 이때 이렇게 말하면 불가능한 이유가
없어진다.
"만약 내가 널 집에서 데려오고 끝난 후에 데려다주
면 어떨까? 그럼 저녁 7시쯤 만날 수 있어?"

같은 원리를 비즈니스 상황에도 적용할 수 있다.
거래처에서 당신에게 경쟁사의 제안과 유사한 선으로
가격을 조정해주기를 바라는 상황이라면 이렇게
질문해보자.
"만약 제가 그 선에 맞춰 가격 조정을 해드린다면
오늘 발주가 가능하실까요?"

물론, 어느 상황에서든 상대가 제시하는 조건을
반드시 충족해야 할 의무는 없다. 그러나 상황이
그다음 수순으로 이어지도록 유도하는 것은 가능하다.
이런 질문을 던진다고 해도 상대는 여전히 여러
이유를 들며 어렵다고 할 수도 있다.
그러나 상대가 기꺼이 동의하겠다고 한다면,
당신은 가능한 최선의 선택지를 제시해줄 수 있을
것이며 당신이 바라던 결과에 좀 더 가까이 다가갈
것이다.

KEY POINT

당신은 상대가 외부 조건의 핑계를 대면
불가능한 상황을 만드는 조건을 차단시키고
반박할 수 없는 강력한 질문을 함으로써
외부 조건이라는 장벽을 무너뜨려야 한다.
이때 효과적인 말이
'만약 제가 ~할 수 있다면' 이다.

마법의 말 한마디

고객은 확신이 서지 않을 때 외부 조건의 핑계를 대며 거절을 대신하기도 한다. 이때 핑계거리를 없애려면 이런 예시 문장을 써보는 것이 효과적이다.

"만약 제가 조금 더 할인해드릴 수 있다면, 결정에 도움이 되시겠어요?"

"만약 생각하실 시간을 며칠 더 드린다면, 그때까지 결정해주시겠습니까?"

"장소가 문제시군요. 제가 계신 곳까지 가드린다면 편하시겠어요?"

이런 조건을 제시한다면, 당장 결심하기엔 여러 여건이 장애가 된다고 생각하던 고객이 마음을 바꾸어 의외로 쉽게 결단을 내릴 수도 있을 것이다.

명심하자. 고객의 거절은 진짜 거절이 아닌 경우도 많다는 것을!

20

이 정도면 충분하시겠어요?

Enough

구매 수량 결정에 영향 미치기

이번에 소개할 한마디는 상대가 서비스의 정도나
수량을 결정할 때 시도할 수 있다.

이 한마디는 상대가 목표를 좀 더 상향 조정하도록
만드는 효과가 있다.

소비자가 마트나 슈퍼 같은 소매업소에서 어떤 제품을
얼마나 구입할지 고민하는 순간은 숱하다.
가령 당신도 평소 집 앞 슈퍼에 갔다가 사과를 몇 개나
살까 고민했던 적이 있을 것이다.
당신은 모든 의사결정 과정에서, 고객의 행동에
영향력을 행사할 수 있다. 소비자는 누구나 최선의
선택을 하고 싶어 하며, 그 과정에서 누군가가
도와주기를 바란다. 고객이 최적의 선택을 할 수 있게
도와주면 당신 역시 원하는 목표를 이룰 수 있다.

다시 슈퍼마켓 이야기로 돌아가서, 당신이 사과를

네 개 살지, 여덟 개 살지 고민하고 있다고 해보자.

그런데 이때 직원이 당신에게 이렇게 묻는다면

어떨까?

"사과 여덟 개면 충분할까요?"

아마 곧바로 "네"라고 대답할 가능성이 높을 것이다.

비즈니스의 목표는 고객이 제품이나 서비스에 계속

관심을 갖게 만드는 것이다.

고객이 당신의 제품을 이용하는 습관을 들이도록

적정한 수량을 갖고 있는지 확인해주는 것은

이 목표를 이루는 핵심이 될 수 있다.

아마도 당신은 작은 사이즈의 여행용 화장품을

선호하지만 직접 돈을 주고 사지는 않을 것이고,

두 개 가격으로 세 개를 판매하는 제품을 자주 선택

할 것이다.

이전에 나와 긴밀하게 협업했던 한 회사에서는
젤리 형태의 음료를 개발하여, 고객들이 꾸준히 찾는
스테디셀러로 만들고자 했다. 그러나 매장에서 영업을
할 때 고객에게 음료를 한 번에 몇 병을 구입하도록
제안하면 좋을지 몰라 딜레마에 빠졌다.

고객은 주로 두 병을 살지 세 병을 살지 고민하는데
어떻게 제안해야 세 병을 구입하도록 할 수 있을지
가닥을 잡지 못한 것이다. 이런 상황에서는 고객에게
두 병보다 세 병이 낫다는 점을 낱낱이 분석한 정보를
제시하는 것보다 단도직입적으로 더 많은 쪽을
제안해주는 편이 나을 수 있다.

"세 병이면 충분할까요?"

라는 단순한 말 한마디에 고객은 좀 더 빠른 결정을
내릴 것이다.

고객의 수량 선택에 영향을 미치는 이 원칙을
비즈니스와 연관된 모든 대화에 적용하면
결과에 큰 변화가 생길 것이다.
모든 실적이 열 배로 늘어난다고
상상해보라.

이 질문은 듣는 이가 거부감을 아주 적게 느끼면서
제안을 수락하도록 하는 지름길이기도 하다.
반드시 두 가지 가운데 하나를 선택해야 하는
상황에서 이 질문을 적절히 사용한다면 더 큰 수익을
내는 쪽으로 상대를 움직일 확률도 높아진다.
만약 당신이 상대에게 둘 중 하나를 선택하도록
제안하는 상황이라면 선택의 가능성은 50대 50이다.
이때 다른 선택안보다 약간 큰 수량을 포함하고
"이 정도면 충분하시겠어요?"
라는 질문을 던진다면 원하는 쪽으로 결과를 얻을
가능성은 더 올라간다.

이 원칙을 비즈니스와 연관된 모든 대화에 적용하면
결과에 큰 변화가 생길 것이다. 거래할 때마다
실적이 열 배로 늘어난다고 상상해보라.

KEY POINT

당신은
구매를 위한 모든 의사결정 과정에서
고객의 행동에 영향력을 행사할 수 있다.
내가 제시하고 싶은 수량을 들어
'이 정도면 충분하시겠어요?' 라는 질문하면
고객은 바로 '네'라고 대답할 수 있다.

마법의 말 한마디

고민하는 고객이 최선의 선택을 할 수 있도록 돕기 위해서 당신은 때로는 고객을 대신해서 결정을 내려줄 필요가 있다.

다음과 같은 예시를 살펴보자.

"그 정도만 받아보시면 충분하시겠어요?"

"이 정도 개수면 충분하시겠어요?"

"더 필요하시진 않으시겠어요?"

이렇게 말하면 얼마나 살지 고민하던 상대는 당신이 제시하는 정도의 수량이나 서비스가 적당하다고 인식하게 되고 자연스레 원하던 상향판매로 이어지게 할 수도 있을 것이다.

21

딱 한 가지 더 있습니다

Just One More Thing

고객의 추가 구매를 돕는 '콜롬보 형사' 전략

세일즈 훈련 프로그램에서 중요하게 다루는 개념이
바로 '상향판매(upsell)'다. 상향판매란 거래에서
고객의 추가 구매를 돕는 것이다.

앞서 상향판매를 도와주는 말을 소개했다면,
이 장에서는 그보다는 드물게 사용하는 '하향판매
(downsell)'에 대해 이야기해보려 한다. 이는 처음의
목표를 이루지 못했을 때 차선책으로 하위 목표를
달성하는 방식이다.

어쩌면 당신은 규모가 큰 장기 계약을 맺기 위해
거래처를 찾았지만, 시험 주문을 받는 정도로
조정해야 할지도 모른다. 혹은 다른 사업체와 협력사
관계를 맺고 싶었지만, 우선 제품을 이용해보도록
하는 것에 만족해야 할 수도 있다.
이것이 모두 하향판매다.

하향판매라도 이뤄내기 위해서는 아무 소득 없이
대화를 끝내기 전에 새로운 기회가 될 수도 있는
한마디를 꺼내야 한다. 빈손으로 떠나기보다 뭐라도
시도해보는 것이다.

나는 어릴 때 할아버지 할머니 댁에서 TV드라마를
보던 중에 처음으로 이런 전략을 접했다.

이 드라마에서 당시 가히 세계 최고의 협상가라 할 수
있는 인물이 등장했는데, 바로 콜롬보 형사였다.

콜롬보 형사가 하는 일은 그저 용의자를 심문하고
그들의 장황한 설명을 끝까지 들으면서 필요한 모든
정보를 얻는 것뿐이다. 그러나 용의자가 미꾸라지처럼
교묘하게 모든 심문을 피해갔다고 안심하고 있을 때
콜롬보 형사는 떠나던 발걸음을 돌리고 손가락 하나를
들어 보이며 이 말을 던진다.

"아, 딱 하나 더 있습니다."

용의자가 경계를 풀고 있던 바로 그 순간 던진 회심의
질문이 모든 수수께끼의 열쇠가 되고 콜롬보 형사는
범인을 찾는 데 성공한다.

콜롬보 형사의 메시지는 우리 인생에도 적용될 수
있다. 어떤 상황이든 가능하지만, 일단 여기서는
하나만 살펴보도록 하자.
당신은 사업 개발에 필요한 아이디어를 구상했고
투자자를 만나기로 했다. 투자자는 당신의 제안에
우호적이지만 확신은 하지 못한 상태로 미팅이
끝나려는 참이다. 당신은 그들에게 시간을 내주어
고맙다고 인사한 뒤 짐을 챙겨 문 쪽으로 향한다.
바로 이 순간 떠나던 발걸음을 돌려 당신도 콜롬보
형사처럼 한마디를 던질 수 있다.
"아, 딱 한 가지가 더 있습니다."
라고 말하는 것이다.
투자자들이 아무 부담 없이 미팅이 끝났다며

살짝 마음 놓고 있을 때 단순하고 실행하기 쉬운
아이디어를 제안하자. 처음 제안보다 덜 부담스럽고
결정하기 어렵지 않은 제안을 내놓는 순간,
그들은 금방 당신의 세계로 돌아올 것이다.

'딱 한 가지가 더 있습니다'
라는 말 한마디는
대화에 다시금 생기를 불어넣고
당신이 아무 소득 없이
자리를 떠나지 않도록 도와준다.

콜롬보 형사와 같은 순간을 만들어낼 방법을 살펴보자.

» 상대에게 제품을 시험 사용해보도록 제안한다.

» 거래처에 우선 적은 수량만 주문해보라고 제안한다.

» 협력을 제안하고 싶은 업체를 회사 행사에 초대한다.

» 상대가 알아두면 좋은 인맥을 소개해준다.

» 당신 제안이 어떤 점에서 희소가치가 있는지 알려주는 질문을 던진다.

"딱 한 가지가 더 있습니다"

라는 말로 대화를 다시 시작한다면, 일단락된 듯하던 미팅 분위기가 되살아나며 적어도 아무 소득 없이 자리를 떠나는 일만은 피할 수 있을 것이다.

22

작은 부탁 하나만
들어주실 수 있을까요?

A Favor

기존 고객을 통해 신규 고객 확장하기

주변의 도움 없이 혼자만의 힘으로 일과 삶에서
성공하는 경우는 극히 드물다. 당신이 목표를 이루는
과정에 다른 이들도 기꺼이 공헌하도록 할 수 있다면
그들과의 관계 역시 확연히 달라질 수 있다.

누군가 당신 앞에 나타나서 당신의 삶이 조금이나마
더 수월해지도록 도와주길 바란 적이 있지 않은가.
가능성의 문을 열어주고 필요했던 정보를
제공해주기를 말이다.

이 책이 거의 끝나갈 시점에서, 여러분에게 부탁하고
싶은 것이 하나 있다. 아주 잠깐만 생각해보라.
내가 여러분에게,
"작은 부탁 하나만 들어주실 수 있을까요?"
라고 물었을 때 어떤 기분이 드는가? 확신하건대
아주 짧은 시간 동안 여러분은 자신이 뭘 어떻게
도와줄 수 있을지 고민했을 것이다.

이 단순하고 짧은 한마디에는 상대가 당신이
요청하려는 것이 무엇인지 아직 모르는 상태에서
그 제안에 동의하도록 만드는 힘이 있다.
'부탁'이라는 말은 거의 언제나 동의를 얻게 해주며,
행여 동의까지는 얻지 못한다 하더라도 최소한
조건부의 수락은 가능하게 한다.
이를테면, "그게 뭔지에 따라서 들어줄게" 같은
대답이 가장 부정적인 반응인 셈이다.
당신이 상대로부터 합의를 얻은 후에 할 수 있는
것들에 대해 생각해보라. 부탁을 통해 당신이 할 수
있는 일들과 당신을 도와줄 수 있는 사람들을
헤아리면 생각보다 엄청날 것이다.
이 책에서 나는 말 한마디를 바꾸는 것만으로 얼마나
많은 변화가 일어날 수 있을지 설명하고 싶다.

부탁의 한마디가 어떤 효력을 발휘할 수 있을지
고객 추천에 적용해서 살펴보자.

당신의 제품이나 서비스에 만족한 기존 고객을 통해
새로운 고객 기반을 확장하는 것은 탄탄한 비즈니스
성장을 위한 기본 전략이다.

그러나 실제로 실행되는 경우는 매우 드물다.

비즈니스맨들이 기존 고객에게 신규 고객 추천을
부탁하지 못하는 이유는 크게 세 가지가 있다.

1. 너무 게으르거나 귀찮아서
2. 언제 부탁해야 좋을지 몰라서
3. 어떻게 부탁해야 좋을지 몰라서

일단 첫 번째 이유 먼저 보자. 이런 이유는 아마
자신의 성장에 대해 그리 진지하게 고민하지 않는
사람들에게 해당하며 이들은 이런 책을 읽거나
비즈니스 교육에 참여하는 데에도 관심이 없을
가능성이 크다.

지금 이 책을 읽고 있다면 첫 번째 이유는 당신에게

해당되지는 않을 테니 다음 두 가지 이유를
살펴보도록 하자.

두 번째는 타이밍이다. 타이밍은 사실 언제든 올 수
있다. 고객에게 신규 고객 추천을 부탁할 수 있는
순간은 그야말로 비일비재하다. '최적의 타이밍'은
저마다 다르겠지만 공통점을 하나 꼽을 수 있다.
바로 상대가 즉 기존 고객이 만족스러운 상태일 때
라는 것이다.

그들이 당신이 하는 일에 만족하고 있는지 확인하는
방법은 "고맙습니다"라는 인사를 받는 것이다.

이 말을 듣는 순간 당신 마음에는 자신감이 차오를
것이다. 그들이 당신에게 감사 인사를 하는 이유가
무엇일까? 간단하다. 당신 덕분에 혜택을 받았다고,
즉 갚아야 할 빚을 졌다고 느끼기 때문이다.

누군가에게 부탁하기 딱 좋은 타이밍은 이때가
아닐까?

이제부터 고객이 당신에게 감사 인사를 할 때를 신규
고객 추천을 부탁하기 딱 좋은 타이밍으로 정해보자.

사람들은 당신에게 뭔가
빚을 졌다고 느꼈을 때
감사 인사를 한다.
이때야말로 상대에게
도움을 요청하기에 좋은 타이밍이다.

만약 고객이 추천해줄 만한 사람을 떠올렸다면
그 다음 단계로 대화를 이어가야 한다.
아마 상대의 몸짓언어를 통해 누군가 있다는 사실을
눈치챌 수 있을 것이다. 이 시점에서 이렇게 말하면
된다.
"걱정 마세요. 지금 당장 해주시라고 말씀드리는 것은
아닙니다. 혹시 생각나는 분이 있는지만
알려주시겠어요?"

마법의 말 한마디

이 말은 상대의 부담을 바로 덜어주며 마지막에
다시 한 번 요청한 사항에 대해서만 확인하는 것으로
충분하다. 단, 언제쯤 소개가 가능할지를 물어보면
좋다.

"이미 많이 도와주셨지만, 다음에 스티브를 만나시면
저희 제품에 대해 간단히 소개해주실 수 있으실까요?
살펴보고 더 궁금한 사항이 있다면 제 쪽으로 언제든
연락주셔도 좋고요."

고객이 이 요청에 수락할 가능성은 높다.

실제로 수락했다면 다음과 같이 대화를 이어가자.

"다음 주쯤 전화 드려서 어떻게 됐는지 한번 여쭤 봐도
괜찮을까요?"

이에 대해서 역시 우호적일 가능성이 크다.

고객에게 확인차 전화를 할 때는 이렇게 말하면 된다.

"스티브와 혹시 이야기 나눠보셨나요?"

다음에 전화를 했을 때 고객은 스티브와 이야기 나눈
결과를 들려줄 수도 있고, 미처 하지 못했다며

미안해할 수도 있다. 이 과정에서 아이러니한 것은, 당신이 처음에는 서두르지 않다가 차차 속도를 올리게 되면 결과적으로 사람들은 당신의 전화를 기다리고 소식에 고마워하게 만들 수 있다는 것이다.

이 모든 과정 덕분에 마침내 당신은 제삼자를 통해 제품에 대해 확신을 얻은 잠재 고객을 얻을 수 있으며 거래를 확정지을 수도 있다.

이제 당신이 직접 부탁해봐야 한다. 사소해 보이지만 큰 효과를 발휘하는 이 방법을 통해 당신이 무엇을 얻을 수 있을지 살펴보라.

사람들은 당신에게 뭔가
빚을 졌다고 느꼈을 때
감사 인사를 한다.
이때야말로 상대에게
신규 고객을 소개해달라고 요청하기에
좋은 타이밍이다.

최적의 타이밍이 언제인지 알았다면 이제는 방법을 알아보자.

고객이 당신에게 감사 인사를 했다면, 이렇게 말해볼 수있다.

"제가 작은 부탁 하나 드려도 될까요?"

이 말 한마디로 대화의 포문을 열고 난 후, 상대가 수락한다면 다음과 같은 방식으로 말을 이어가보자.

"없으실지도 모르겠지만……"

이 말은 듣는 이가 당신의 생각이 틀렸다는 걸 증명하고싶게 만든다.

"……단 한 분이라도……"

'한 명'이 딱 적당하다. 상대에게 부담을 주지 않는 동시에, 이 말을 듣고 바로 누군가의 이름을 떠올릴 수 있다.

"……고객님 같은 분이라면……"

선택의 범위를 줄여주는 말이자, 고객에 대한 칭찬처럼느껴질 수 있다.

"……로부터 혜택을 볼 수 있는……"

마지막 말과 함께 조금 전 고객이 당신에게 감사 표시를 했던 제품의 긍정적인 혜택과 효과를 강조해주기만 하면 된다. 그 이상의 말은 필요 없다!

23

그냥 궁금해서 여쭤보는 겁니다만

Just Out of Curiosity

역질문으로 결과 뒤집기

아무리 들어도 도무지 익숙해지지 않는 거절의
말이 있다. "아무래도 생각할 시간이 좀 더 필요할 것
같아요." 이 말을 들을 때마다 기운이 쭉 빠지는 건
어쩔 수 없다.

물론 성급하게 결정을 내려야 한다는 의미는 아니다.
하지만 내 경험에 따르면 고객들 대부분은 시간
여유가 생긴다고 해서 더욱 꼼꼼하게 분석하거나
깊이 고민하지 않았다. 그저 결정을 다른 날로 미룰
핑계거리였을 뿐이다.

이런 상황을 한번 가정해보자.
당신은 잠재고객으로부터 상담 요청을 받고 따로
시간을 내어 방문했다. 고객의 상황이 어떤지 자세히
듣고 문제가 무엇인지 파악한 후, 당신이 할 수 있는
선에서 최선을 다해 세세하게 해결책을 제안했다.
그런데 이 모든 수고를 들인 후에 대가로 받는 것이

하는 것인지 마는 것인지 알 수 없는 애매모호한
답변뿐이라면 어떨까?
이건 아무리 생각해도 공정하지 않다.
당신이 상대에게 필요한 정보를 올바르게 제공했다면
그는 최소한 자신의 생각을 솔직하게 밝혀야 할
도리가 있다.

이런 대답을 들을 때마다 나는 큰 소리로 이렇게
외치고 싶은 충동을 느낀다.
"대체 무슨 생각을 더 하고 싶은 건데요?"
상대가 솔직하게 자신의 생각을 알려준다면 나는
기꺼이 도움이 되고자 할 것이다. 그러나 우리가
상대에게 있는 그대로 말해달라고 요청하지 못하는
이유가 있다. 혹시나 무례해 보이거나 대답을
강요하는 것처럼 느껴질까 봐 걱정되기 때문이다.
대신에 이렇게 말하는 사람들도 있다. "괜찮습니다.
부담 갖지 마세요." 그러고는 모든 가능성을 뒤로 하고 쿨하게 발걸음을 돌린다. 시간이 문제를 해결해주리라 기대하면서.

이런 좌절감으로 인해 무례하거나 불쾌하게 느껴지지 않도록 상대의 진짜 속내를 알아내는 방법을 찾아야 한다는 것을 알게 됐다. 우리가 정말로 원하는 것은 거래를 하겠다는 대답이 아니다.

진짜 문제가 무엇인지를 파악하기 위해 솔직하게 대화를 나누려는 마음가짐이다.

이런 결론을 얻기까지 수많은 좌절감을 맛보면서 나는 만약 다른 방식으로 질문한다면 어떨까 자문하게 되었다. 무례하고 불쾌하게 들릴 수 있는 질문을 부드럽고 거부감 없이 바꿔 건넨다면?

그래서 질문 앞에 한 가지 서두를 붙여보기로 했다.

"그냥 궁금해서 여쭤보는 건데요."

이 한마디는 내가 질문을 던지는 근거를 제시하는 동시에 상대에게 질문을 해도 괜찮은지 동의를 구하는

역할을 해준다. 또한 대화의 주도권까지 되찾게
해준다. 직접적인 질문을 하기 전에 상당히 적당한
서두다.

대담하고 용기 있게
질문을 던지는 자세는
의사결정 과정에서
노련한 조력자가 되는 데
필수 조건이다.

우물쭈물하며 대답을 망설이는 상대에게 이런 서두를 꺼내보자.

"그냥 궁금해서 여쭤보는데요, 생각할 시간이 어느 정도 필요하실까요?"

"그냥 궁금해서 여쭤볼게요. 이번 일에 대해 결정하는데 특별히 필요한 사항이 있으신가요?"

"그냥 궁금해서 묻는 건데, 결정을 미루는 이유가 있을까?"

여기서 중요한 점은, 상대에게 예시에서와 같이 질문한 다음 조용히 기다려야 한다는 것이다. 침묵을 유리하게 쓸 줄 알아야 한다. 상대의 대답을 속단하거나 입에 올려선 안 된다. 위와 같은 질문을 듣는 순간 상대는 당신에게 뭔가 적절한 대답을 해줘야 한다는 생각에 무슨 말이라도 반드시 하게 될 것이다.

질문을 던지고 12초가량이 지났다. 그 짧은 시간이 아마 3주처럼 길게 느껴질지도 모른다.

상대는 마침내 솔직한 대답을 내놓을 것이며, 당신은 이제 이 거래에서 뭐가 문제인지 알 수 있을 것이다. 좀 더 오래 기다리는 것도 방법이 될 수 있다. 하고 싶은 말은 꾹 참고 가만히 앉아 아무것도 하지 말고 기다려보자. 시간이 천천히 흘러가도록 내버려두는 것이다. 침묵이 길어질수록 상대는 핑계거리를 내놓으려다 결국 찾지 못하고 이렇게 대답할 수도 있다.

"생각해보니 결정을 미뤄야 할 이유가 없네요"

"결정하는 데 꼭 필요한 건 없어요" 등……

그냥 궁금해서 여쭤본다는 말은 상대가 스스로에게 자문하지 못한 질문을 던짐으로써 애당초 당신과 상대 둘 다 옳다고 알고 있는 결정을 실행할 수 있도록 돕는 것이다. 대담하고 용감하게 질문을 던지는 자세는 의사결정 과정에서 노련하고 전문적인 조력자가 되기 위한 필수조건이라 할 수 있다.

상대의 의사결정을
긍정적으로 바꾸는 말 한마디

지금까지 소개한 한마디, 한마디를 돌아보면서
한 가지 확신이 든다. 적당한 시점에 적당한 말을
하는 것이야말로 의사결정을 긍정적으로 바꾸는
능력이다.

사실 내가 알려준 말들이 '마법의 주문'과 같이
절대적인 것은 아니다. 당신이 갖고 있는 지식과
지혜를 당신만의 말 한마디를 통해 다른 이들에게
전한다면, 앞으로 더 크고 탄탄하게 성공할 가능성이
커진다.

많은 사람들이 내게 자기 분야에 대한 전문 지식을
완벽하게 설명해야 하는 상황에서 실수할까 봐,
자신의 밑바닥이 드러날까 봐 두렵다는 고민을 털어
놓곤 한다.
한 십 년 전쯤 나는 명실공히 성공한 세일즈맨인
로저를 알게 되었다. 로저는 처음으로 문자 메시지가

생겼을 시기부터 아주 오랫동안 통신업계에서
경력을 쌓아온 베테랑 세일즈맨이다.
전화가 아날로그에서 디지털로 바뀔 무렵, 로저와
통신 산업에 대해 대화를 나누다가 그가
고객들로부터 통신 기술의 변화에 대한 질문을 받고
대답하는 데 아주 익숙해졌다는 이야길 들었던
기억이 난다.

그는 항상 고객들에게 기술 업데이트에 대해
상세히 설명하려 노력했고, 그의 전문 지식으로
고객들을 감탄시키려 애썼다고 한다. 그런데 정작
돌아오는 건 끝내 이해하지 못한 그들의 답답하고
멍한 표정뿐이었다. 어느 순간, 로저는 자신이
완전히 잘못하고 있다는 걸 깨달았다.
그때까지 그는 제품의 작동 원리를 고객들에게
정확히 설명해주는 것만이 자신의 일의 전부라고
생각했다. 그러나 상세한 대답을 해주는 것 이상의

더 중요한 의무가 있었다.

로저는 고객들의 질문에 대답하는 방식을 이렇게
바꿔보기로 했다. "이 제품은 어때요?"라는 질문을
받으면, "아주 기가 막히죠!" 같이 단순한 대답을
들려주었다. 그러면 십중팔구 고객들은 그의 대답에
만족했다.

이 일화가 당신에게도 도움이 될지 한번 생각해보자.
이를테면 고객이 제품이 어떤지 물었을 때
"아주 잘되죠"라고, 제품의 효과가 어떤지 물었을 때
"무척 만족하실 겁니다"라고 대답하는 것이다.
이렇게 단순명료하고 자연스러우며 긍정적인
대답에는 상대가 긍정적으로 결정을 내리고 추진하게
만드는 힘이 있다. 정확하지만 한 번에 이해하기
어려운 정보를 전달하는 것보다 더욱 큰 힘을
발휘하는 것이다.

대답은 단순하고 이해하기 쉬우며
긍정적으로 해보라.
대답을 듣는 순간 상대방의 의사결정이
얼마나 긍정적으로 바뀌는지를
목격할 것이다.

지금까지 여러분이 이 책에서 배운 모든 것은
간단하고 행동으로 옮기기 쉬우며 더 나은 결과를
가져올 수 있다. 그러나 여기서 소개한 모든 말이
모든 상황에서 모든 사람에게 효과를 발휘할 거라고
말할 수는 없다. 분명 효과를 발휘하지 못하는 순간도
있을 것이다. 그러니 딱 한 번 시도해보고
실패했다고 해서 쉽게 실망하지 않길 바란다.
몇 번이고 시도하고 또 시도하면서 자연스럽게
익힐 때까지 연습이 필요하다.
또한 자신에게 더 익숙하고 일상적인 말로 바꿔보길
바란다. 단어를 적절히 선택하고 약간의 노력을

기울인다면, 이 책에서 소개한 말들을 적재적소에
활용할 수 있다면, 이것이 하나의 계기가 되어
당신은 더 큰 열정과 동기 부여를 받게 될 것이다.
열정에 몇 가지 기술이 가미된다면 대화를 이어가는
것이 전처럼 힘들지만은 않을 것이다.

당신이 그토록 바라던 결실을 손에 넣기를,
무엇보다 그 여정을 즐기기를 바란다.

옮긴이 **이지혜**

인하대학교에서 영어영문학과 한국어문학을 공부했으며 미국 트로이 대학교에서 영문학을 공부했다. 현재 출판번역가이자 기획편집자로 활동하고 있다. 《사진신부 진이》 《괜찮다고 말하면 달라지는 것들》 《헬리콥터 하이스트》 등을 우리말로 옮겼다.

사람의 마음을 움직이는
마법의 말 한마디

지은이 | 필 M. 존스
옮긴이 | 이지혜
펴낸이 | 이동수

1판1쇄 펴낸날 | 2023년 4월 14일
1판2쇄 펴낸날 | 2023년 4월 26일

책임편집 | 이수
표지 디자인 | ALL design group
펴낸곳 | 생각의날개

주소 | 서울시 강북구 번동 한천로 109길 83, 102동 1102호
전화 | 070-8624-4760
팩스 | 02-987-4760
출판등록 2009년 4월3일 제25100-2009-13호

ISBN | 979-11-85428-71-0 03320

* 이 책에 실린 모든 내용은 저작권법에 따라 보호를 받는 저작물이므로 무단 전재와 복제를 금합니다.
* 이 책의 전부 또는 일부를 사용하려면 반드시 출판사의 서면 동의를 받아야 합니다.
* 원고투고를 기다립니다. 집필하신 원고를 책으로 만들고 싶은 분은 wingsbook2009@naver.com으로 원고 일부 또는 전체, 간단한 설명, 연락처 등을 보내주십시오.
* 책값은 뒤표지에 있습니다.
* 잘못된 책은 구입하신 곳에서 교환해 드립니다.